CURIOUS HABITS
逆習慣
好奇心改變一切
WHY WE DO WHAT WE DO AND HOW TO CHANGE

領導力思維教練
路克・馬瑟斯（Luke Mathers）——著　屈家信——譯

台灣各行各業 同感推薦

逆習慣，今年新目標！

不痛不癢無法讓人改變

——RuRuSu，自由工作者，台中

習慣是需要二十一天養成的，逆習慣是要訓練的。

我認為在某些行為轉變為習慣前，也是一種逆習慣的練習，好比說在高中我不是一個會早上起床就喝一杯水的人，但是看到某雜誌寫的：「早上起床先喝一杯水跟自己的腸胃打聲招呼」，我開始練習早上起床要先喝水的習慣。同樣的原理，很多東西在變成習慣前，其實與自己本來的方法或做法不同，雖然會稍微不自在，最終卻會自在的做這件事。

很認同這句話：「活著的感覺就是去感受不舒服，不停地成長，不斷地改變。不痛不癢無法讓人改變。」，待在舒適圈愈久，愈容易活的平淡無奇，也無法產生一些波瀾，讓人生更加精采。

不是雞湯也非空談，實用有趣！

——GWAI TSAI，電台主持人，台南市

從引言的海鞘「把自己安頓下來後就會吃掉自己的腦子」，而人類也會以類似的方式「刪除無用的腦迴路」的震撼開始，作者就溫暖而迷人的不斷透過科學、心理學、故事和經驗，來提點讀者如何走出已經幫不上忙的習慣，並勇於與「不自在」共存。改變自己，不需負面的自我批評，而是以希望改變的好奇心，去檢視行動或習慣是出自避免痛苦、尋求快樂與節省能量的動機，進而確認是新或舊腦袋在驅策，給自己改變的機會。

人的毛病太多，諸如完美主義、冒名頂替症候群怎麼應對？作者也以務實的方式陪伴讀者探索剖析。

這本書整體讀來實用有趣，不是雞湯也非空談，「行動會給你答案，動手做是證明自己能夠的最好方法」的激勵滿滿，而接下來的生活可能性是什麼，就看自己願不願意親身實驗了。

讓我開始更深刻地感受自己的情緒

——Shirley，UX設計師，台北

《逆習慣》這本書提供了有關生物學、演化學和心理學的見解，讓我能夠更好地理解自己的盲點和習慣。其中一個引人注目的觀點是情緒如何與記憶緊密相關，並且它們如何在我們做決策之前的過程中發揮作用。這讓我意識到，在與家人交流時，情緒如何常常喚起我過去的痛苦記憶，並影響我的反應。我發現自己經常因害怕再次受傷而選擇攻擊他人，這讓我失去了改善溝通模式的機會。《逆習慣》提醒我，我可以開始更深刻地感受自己的情緒，並試圖分離情緒和行動決策，透過這種日常實踐的練習，我希望在下一次與家人的溝通中，看到自己的改變。

家庭主婦也可以「逆習慣」

——Tereasa，家管，新竹

要說什麼職業的人會最安於用自動駕駛模式過日子，應該非家庭主婦莫屬吧。面對永無止境日復一日的重複性家務，天天做沒人知，一不做馬上就被發現。如果不發展出一套省力的操作習慣，恐怕會提早燃燒殆盡。

省力就不帶腦，不帶腦就難以產生好奇心。喔，不！還是很有好奇心，但只限於對別人的八卦，把僅剩的珍貴好奇心用在此處，對於自我成長，爭取幸福人生完全無益。

本書從科學觀念釜底抽薪，找出為什麼對自己不再好奇，由內在找到原因，才能創造持續擁抱不舒服，勇敢跨出舒適圈的動力。

逆習慣並非追求完美，而是達到無憾的人生。

當我開始面對自己，就開始了「逆習慣」

——阿嚚，咖啡廳服務生，花蓮

「哪些你所編的故事不管用？」這一句話點醒我，很多和細碎日常（尤其是壞習慣）有關的事情往往難以拿出來公開討論，就容易形成個人腦內的自我對話，那些對話多數成為自我批判的迴圈，在反省、批判、反省、批判裡，我似乎深陷於深刻明白自己是一個很糟的人，但是又無力逃脫的負面情緒裡。

《逆習慣》提出保持好奇，以提問的方式對話，不妄對自己下評判的情況下，我似乎看到自己以「節點」的方式思考，每一個提問都指向沒有探索過的自我，「嘿！原來我是這樣的人！」或是「原來我不只是這樣的人」。

回到「哪些你所編的故事不管用？」的提問，這句話像定船錨，把我的自我對話一切為二。我是一個非常害怕失去肯定的人，只要店長稍微提醒疏失處，就容易無限上綱地自我懷疑，害怕他其實討厭我、害怕他想要把我開除……

不過這些負面的自我對話，在這句提問之中逐漸消失，原來過去我只是不斷地用恐懼餵養自己，然而那些負面對話對我的成長（無論是心靈還是咖啡技巧）都無益，當我開始有意識地重新檢視恐懼，我想，在那時候，我就開始啟動「逆」習慣了。

——Sharon，NGO工作者，台北

翻轉舊習慣迴路

「舒服就是舒服而已」，若將舒服和其他感受仔細切割開，其實不難發現舒適圈帶來的舒適，不過是耽溺於對生活的掌控感，並過分地閃躲潛在的風險（同時也可能是創新的所在之處）。為議題工作，看似是充滿冒險與激情的職業，然在做決策時卻可能受捐款人或其他組織的牽制，而往往選擇相對保守的做法，錯失了推進議題發展的大好機會。

作者在文中用了各方理論學說闡明習慣的構成，以及為何、如何翻轉舊有的迴路，然實際上讓一切能運行的關鍵是「自我覺察」。唯有釐清自己的需求（組織的核心價值），直面恐懼，才能奪回內在的話語權，為往後找回更多選擇。

——WENG，斜槓青年，新北板橋

不要停止思考，不要停止好奇

《逆習慣》與坊間的勵志書不同，它不從自身匱乏的地方求改變，而是以「好奇」的引導式方法，逐步來剖析有生以來的作為。同時，導入邏輯與易懂的科學理論讓改變由理性出發，使習慣成為助力，而非拚命地要用意志力對抗。

本書也提供許多脫離不好習慣的方法，如「享受不自在」「不安於現狀」「擁抱痛苦」等。我尤其認同「完美主義殺死好奇心」這件事，天知道為了維持形象或者逃避負面情緒，得要去捨棄多少面對新事物的機會？

不要停止思考，不要停止好奇，也不要因為舒適圈太舒服就學海鞘把腦袋吃了，因為很可能就此與人生最精彩的部分大錯過。

【前言】

你曾對自己的習慣感到好奇嗎？

理性的人改變自我以適應世界；非理性者堅持改變世界好順應自己。因此世上所有進步都有賴於不理性的人。

——喬治・蕭伯納（George Bernard Shaw）

戴夫是個成天怒氣沖沖的孩子，有點喜歡別人把他當成神經病看待。

十二歲時他愛上棒球，是隊上的捕手。任何人想從三壘跑回本壘，都得先通過齜牙咧嘴瘦巴巴小子這一關。無論有沒有球傳向他，這個即將進入青春期的金髮男孩都會用骨瘦如柴的肩膀對準任何膽敢奔向本壘板的人。全隊都愛死了這個瘋子捕手，因為他是他們的瘋子。即使還是個孩子，戴夫已經十分惹人厭。既叛逆又愛找麻煩，難以相處。你沒辦法跟他講道理，而他完全無所謂。

酒鬼父親在戴夫年僅四歲時就離家而去。兩個姐姐分別比他大十八及十五歲，對戴夫來說，姐姐更像是他的阿姨。生長在信奉耶和華見證人的家庭，很難想像戴夫會穿上襯衫，打著領帶，挨家挨戶地發放聖經和傳單，想說服那些毫無戒心的異教徒改信他們的教派。

戴夫想改變這個世界，雖然並不知道要怎麼做，但憑著滿腔的憤怒、堅強的意志，以及絕對的不理性，任何事情都可能發生。

七〇年代末對於青春期的戴夫來說，已經無法靠打棒球宣洩心裡的憤怒，他找到了另一個出口——重金屬音樂。滿頭蓬鬆長髮，憤怒地撥動吉他，還有巨大到可讓耳朵流血的音浪，吉他魂被喚醒，戴夫完全找到自己的天命。

在父母離婚後，為了躲避脾氣暴躁父親的騷擾（可見戴夫的確遺傳到父親的基因），他和兩個姐姐決定搬出去住。年僅十五歲的戴夫只能靠販毒才付得起房租。在一次偶然機會，某位在唱片行工作的客戶想用黑膠唱片交換毒品，之後又陸續用更多唱片交換了更多毒品。最後，戴夫手上收集到大量鐵娘子、AC／DC、猶大祭司等樂團的唱片，同時惹惱了不少住在他隔壁房無辜又倒楣的鄰居。

他在八〇年代加入了一個樂團，但過沒多久該樂團就解散；透過報紙廣告戴夫找到另一個願意接納他的樂團。依然憤憤不平的他，用吉他樂聲傳達出心中的怒火。該樂團隨即錄製了首張專輯。

在音樂的世界裡，每件事似乎都十分怪誕奇幻，然而戴夫難以相處的壞脾氣卻讓他為此付出代價。一九八三年的某天，樂團終於再也受不了這位雖有天分但愛亂發脾氣的吉他手。戴夫被踢出樂團，丟包在巴士站遣送回家。在盛怒激使下他寫出了幾首歌，並且立誓要讓前樂團成員知道自己的厲害。回到位於舊金山的家後就立刻重組樂團，要玩就玩更大一點。

強烈的動機、衝勁，再加上天生不理性的組合，讓他的新樂團達成銷售二千五百萬張唱片的佳績，並且展開全世界的演唱巡演會。在當時該樂團被認為是世上最頂尖的重金屬樂團之一。

戴夫的全名是戴夫・馬斯泰恩（Dave Mustaine）。他的樂團叫做「麥加帝斯」。

憤怒讓戴夫成為一位優秀的鞭擊金屬樂吉他手，憤怒的他所寫出的歌，吸引無數八〇到九〇年代之間，血氣方剛、衝動愛鬧事年輕人的喜愛。似乎充滿攻擊性、易怒和不理性的確能促成某些事，直到有一天它不再管用為止。

你可能覺得他一定很快樂，但是不斷地酗酒、嗑藥、發脾氣、挑釁滋事，經年累月養成的憤怒思維習慣終於把戴夫的生活弄得一團糟。他誤以為只要自己的事業有成，生活就會幸福快樂。事實卻不盡然。

哈佛正向心理學家尚恩・艾科爾（Shawn Achor）表示，很多人以為必須要成功才會快樂，這是把快樂提高到認知層面上。我們經常這麼做：

- 除非我擁有世上最大的鞭擊金屬樂團，否則我無法快樂。
- 如果我付得出這個月的房租，我才能感到快樂。
- 我必須把卡在牙縫裡的宮保雞丁屑剔出，之後才會快樂。
- 如果我買得起一輛法拉利跑車，我一定會很快樂。

覺得一定得達成什麼目標，或者有什麼成就之後才能感到快樂，是一種奇怪的習慣。就算行不通，人們仍不知改變。

以任何人的標準來看，麥加帝斯應該都算是成功的樂團，只有一個小問題：在一九八三年把戴夫踢出的樂團叫做金屬製品，他們曾創下二億五千萬張專輯的銷售成績，是有史以來最偉大的金屬樂團。成功是相對的，很不幸地對於愛生氣的馬斯泰恩先生來說，只有做到最大的樂團才稱得上成功。

前任美國總統羅斯福認為比較是「偷取快樂的賊」。這位麥加帝斯的核心人物多年來都只感受到短暫又微小的快樂。他習以為常的快樂只能從酗酒、嗑藥以及狂歡派對中獲得，但隨著吸食古柯鹼後的迷幻感消逝，酒醒之後，所有快樂就跟著消失不見。愛發脾氣的習慣始終未改，潛伏在一旁，伺機朝著慶祝成功的遊行隊伍潑冷水。

戴夫的問題出在哪兒？他從不曾對自己的習慣感到好奇。

CONTENTS

【引言】

好奇心：改變的超能力

我沒有特殊的才能，我只是有熾熱的好奇心。

——阿爾伯特・愛因斯坦（Albert Einstein）

海鞘的腦袋非常小，幾千個神經元就足以讓牠們躲避危險，尋找一個美好的地方安頓下來。牠們遠離有毒的環境，找個有吃可住的安全地方。等找到理想地點就安頓下來，永永遠遠地安頓下來，因為接下來海鞘會把自己的腦子消化掉。是的，你沒看錯，一旦牠們在海床上找到理想棲所，接著就把自己的腦袋吃掉。反正不再需要搬家，腦袋留著也沒什麼用。我曾經在與某個地方市議會共同舉辦的研討會上講述這個故事，他們非常肯定地表示，市議會裡就有幾個部門完全為海鞘所設置。

用海中的蠕蟲生物作為一本講述奇怪習慣的書的開場白，似乎有些奇怪，但你我和這個有趣的小傢伙其實有許多共通之處。選擇令人感覺舒服的事物而躲避威脅是我們的天性。我們渴望安全並且盡可能保留精力。打從孩提時期，我們就開始吃掉自己的腦袋。當然並非像我們海底朋友般那麼戲劇性地真的消化掉腦袋，但我們的確經歷了一連串複雜的發展過程，強化經常使用的腦神經區塊，以及刪除無用的神經迴路。舉例來說，如果一個孩子喜歡踢足球而討厭閱讀，他腦中關於跑跳、接球踢球的區塊就會愈來愈強，而和閱讀有關的占比就會愈來愈縮減。雖然不像海鞘的腦會完全消失，不過我們的大腦的確會依照習慣使用的方法重新自我塑形。

和海鞘構造簡單的腦袋不同，人類的大腦由八百六十億個神經元構成，同時有一百兆條神經彼此連接，就算當前科學家對於複雜人腦也只有粗淺的認識。不過有件事我們倒是非常確定，那顆像是果凍般的大灰球是個吞噬能量的怪獸。大腦只占人體體重的百分之二，卻消耗掉超過百分之二十的能量。如果它沒那麼重要，演化的過程不會付出這麼昂貴的代價。

人類的生活離不開便利超商、麥當勞或者起司玉米脆片，人們需要努力地尋找食物，這就是咱們昂貴大腦的任務。它負責讓我們移動、尋找安全的庇護所、與他人溝通以及找食物。以上這四個動機占據了大腦每天工作量的絕大部分，演化生物學家將它們稱為四F：**戰鬥**、**逃跑**、**食物**以及……**傳宗接代**。為了盡可能節省能量，我們的大腦會開啟自動駕駛模式，自動地朝向四F驅動。

四F幫助人類安然度過數千年的歷史，然而隨著文明進步，生活愈加富裕，這四個動機漸漸開始出現反效果。肥胖、心臟病、壓力、自體免疫性疾病以及癌症等問題日益猖獗，都是因為我們的飲食不知節制，同時不知該如何正確地消耗能量及打發時間。四個動機本身並沒有問題，但如果錯誤運用，就可能出現一些可怕的結果。因為它們偏向於導引人們尋找短期的安全或享受，卻缺乏長遠目標的規劃能力。

四個動機原本的發展是為了避免痛苦、找樂子和節省能量，它們幫助人類度過蠻荒年代。到了現今這個到處都充斥電動車、無線網路、手機以及外送食物的新世紀，如果人類仍過於依賴它們，將好比在海上駕駛一艘沒有羅盤的船一樣危險。如同作家馬歇爾・葛史密斯（Marshall Goldsmith）所說：「沒有屢試不爽的方法，凡事絕非一成不變。」

當今世界是安全又祥和，醫學非常進步，是人類文明發展以來離病痛折磨最遙遠的時代（除了新冠疫情之外）。然而我們卻是有史以來最沉迷成癮、焦慮沮喪、過度肥胖、過度依賴藥物、徬徨困惑，以及欠下大筆債務的一群人。

事實上我們根本不需如此，只要我們能保持好奇心。

有，很好；多一些更讚

在我快三十歲時有著瘋狂工作的奇怪習慣，自己彷彿是個忙碌地穿梭在派對上的搖滾明星。我是個驗光師，白天的工作內容是幫助人看得更清楚，而夜晚及每個週末一定擠出所剩時間尋求歡樂。

我的第一份工作是在英格蘭西薩塞克斯郡，樸實的克勞利小鎮上經營連鎖眼鏡行。戰後這個小鎮開始快速發展，很快地就蓋滿許多呆板的磚塊建築物。相較之下這裡的居民有趣多了，一點都不像住在醜小鴨般城鎮中的模樣。我剛接下的眼鏡行有如長滿跳蚤的狗一般惹人嫌惡，疲倦又得不到賞識的員工，自然無法提供良好的服務品質；公司體制一堆問題；股東們只在乎獲利多寡（稍後章節會繼續討論這個奇怪的習慣）。這家店一直在賠錢，所以只想賺大錢的前經營者決定把店出售。

我發現其實上門光顧的客人並不少，問題就在於他們沒能得到妥善的服務。即使員工們有心振作，但在一個殘破不全的管理體制下，只會讓人感到挫折，熱情被消磨殆盡。

我上任首日的第一件工作就是開除店經理。這名女經理有個「洛威拿犬」的綽號。任何員工只要犯下一丁點小錯誤，都會被她大聲斥罵，嚇得像木頭人一般動也不敢動。吹毛求疵的管理態度是個奇怪的習慣，所以十分擅長什麼雞毛蒜皮都要管的她必須離開。

我將好奇心導入整個經營系統，鼓勵員工做任何事都可嘗試新方法，結果發現大家都有很多好創意。我們需要的只是一個可以自由安全表達意見的空間，別擔心嘗試新事物，就算結果失敗也無所謂。

新的管理制度不僅讓所有員工更自律，因為表現能獲得賞識，大家也更加努力，全力以赴地工作。過沒多久我們就創下有史以來的最佳業績，關於財務上的憂慮一掃而空。整家店蓬勃發展，煥然一新。

在那個時候，我自認為生活應有的態度是「**有，很好；多一點更讚**」。不僅在工作上是這種態度，開派對、喝啤酒、享用美食、運動或者任何我喜愛的事都是如此。不過對於自我照顧，讓身體放鬆或沉思之類的事就沒那麼在意。那是個邦・喬飛的年代，人生就是要精彩地活著，等你死了以後再好好休息。**和所有奇怪的習慣一樣，一切都很好，直到某天它不再管用為止**。

每天長時間的工作，開不完的派對，再加上英國糟透了的冬季，四年之後我逐漸感到熱情被耗盡，突然很想搬回澳大利亞住。於是我賣掉這隻會生金蛋的金雞母，清點資產，然後買了一棟房子，把剩下的錢拿去投資，開始過起退休後的生活（這也是我人生中第一次退休）。那年我才三十一歲（值得放煙火，掛彩帶和氣球為我喝采）。

聽起很來棒，不是嗎？經過多年努力工作，認真地過每一天之後，我終於不用再幹活了。不需要辛苦地在收入與支出之間斤斤計較，野心勃勃地打拚的生活終於結束。我已經站上人生顛峰，如同中了樂透大獎一般。接下來的日子我可以每天打高爾夫球，每天衝浪。更別說家裡新加入一個小寶貝，為我理想美好的生活錦上添花。

看到這裡，你是否覺得接下來好像有個「但是」即將出現？你的第六感很準，要小心不要亂許願，以免一語成讖。

十八個月後，我開始感到有些焦躁、無聊，懷疑自己的理想人生是否真的理想。我的朋友們個個都在幹大事，無論所追尋的人生方向，或對全世界做出的貢獻，都讓他們感覺自己是個重要人物。而我，只能在高爾夫球成績或者衝浪技巧上自我感覺良好。然而你如果真的看過我推桿或衝浪的模樣，就會發現一點都不足以沾沾自喜。

思考一下，這個世界是否因為有你而變得更美好？如果答案是否定的，請再仔細想一遍。如果答案仍然是否定，現在就做些積極有益處的事。

如果你沒有付出沒有貢獻，你的自我價值就會急轉直下，這時任何一點小事情都可能成為巨大的困擾。人生在世需要不斷地向前挑戰，如果你無法朝向更美好的未來不斷挑戰進步，就可能做出只是為了克服問題而製造問題的自導自演行為。

有句非洲諺語是這麼說的：「得不到村民擁抱的孩子，會燒了村子好感受溫暖。」為了得到村民的擁抱，你需要有所貢獻。缺乏貢獻的自知之明，將會發展出奇怪的習慣，最後會燒掉自己的人生。你會發現有些問題根本就不需要被製造出來，卻為了「感受到溫暖」而無中生有。這真是個奇怪的習慣。

這就是發生在我身上的事。我用四年時間帶領團隊建立一番事業，突然間把它們全部結束掉。不需工作帶來的解脫和狂喜，很可笑地只維持極短暫的時間。過沒多久我的情緒就變得陰霾沮喪。生活中缺乏目標，也缺少競爭下求生存所帶來的壓力，每天的日子都變得渾渾噩噩。缺少了挑戰，這週和上週又有什麼不同。

當生活失去平衡，人們往往朝向另一個極端尋找解套。太忙了？我們需要冷靜下來。太無聊？那麼就找個樂子嗨翻天吧。除非我們能夠抱持好奇的心態檢視自己的感受、想法以及所作所為，否則總是羨慕別人的生活，覺得別人家院子的草比較綠，這種心態將可能帶來毀滅性的災害。好奇心能讓我們幾經思量後，跨越障礙去尋找喜悅。若能精通這一點，我們將可以在最鮮綠的草地上盡情玩樂。只有保持著真誠的好奇心，才能讓我們全然接納且擁抱自己的人生。

好奇心：改變的超能力

市面上有上百種討論習慣的書籍。舉例來說：《原子習慣》介紹七種改變壞習慣，養成好習慣的方法，藉由微小的改變讓你成為高效能人士；《為什麼我們這樣生活，那樣工作？》學習利用「習慣的力量」；直擊內在弱點，高效自我成長的《零阻力改變》；以及如何打破難以自拔壞習慣的《渴求的心靈》。打從摩西根據上帝的旨意寫下了《十誡》之後，無數偉大的哲學家、作家、科學家和學者都寫過有關習慣的話題。

本書不大一樣，它集結眾人的智慧而成，內容包含了演化生物學、神經科學、古人的智慧、斯多葛派哲學以及Instagram。從好奇的角度探討習慣，而不是從自己不足處出發。

是否曾有這種感覺，某件事情你已經做過數百次，突然有天你停了下來，納悶地問自己：**「我到底在搞什麼鬼啊？」**

這就是奇怪的習慣。

當自己的感受、想法以及所作所為不再管用時，我們的行為已經變成一種奇怪的習慣。

某些時候奇怪的習慣具有特別的目的，它們能幫助你處理亂七八糟的生活。但隨著時間推移，這些習慣反而變得綁手綁腳，甚至造成適得其反的作用。人類在尋求安全又愉悅的生活這方面，就跟被奇怪習慣所導引的海鞘沒有兩樣。如果任憑它指使，這些習慣有可能讓你和所追尋的快樂又有意義的生活漸行漸遠。

大多數人都一樣，會把一切過錯都歸咎於根本不知何時養成的**奇怪習慣**，如果你希望能有所改變，那麼就應該從愛與接納的角度檢視自己的習慣，這樣能讓改變的願望實現。

我們所處的世界總是告訴我們自己不夠好：應該再有錢一點，應該再瘦一些，事業應該要更成功，否則就稱不上是有價值的人。事實上，我們應該從愛出發，擁抱自我成長的喜悅，無論對自己或對別人都是一樣的心態。

保持好奇的習慣絕非在漫不經心的情況下莫名產生，它需要經由你的意識審慎營造而成。

當對自己的習慣感到好奇，你的心態就會從原本習慣的「我不夠好，所以我需要改變」轉變成更積極、更振奮人心的「我需要改變，因為我可以做得更多更好」。這樣的改變將可持續下去。

我也希望能告訴你們，因為我是有關習慣的權威專家，所以才寫出這本書。但事實上並非如此，不然我就能展現六塊腹肌的健美身材，同時駕著豪華遊艇暢遊大海；世界級潛能開發大師東尼・羅賓斯也得來向我請益。這本書並非要討論「完美」，我也不夠格寫這樣的書。我做事會拖延，體重過重，有時也會懷疑我是否名過其實。然而這一切都不會影響我以自己為榮。

人們對於自我或所做的事，經常感到有很多地方需要改變。可惜改變的出發點多半出自於**「我不夠好」，大多數人會從自己較為匱乏的地方開始改變習慣。這本書將要讓你用好奇的態度重新檢視自己的做法，讓習慣成為你的助力，而不是拚命用意志力與之對抗**。我寫的第一本書《壓力不沾鍋》（Stress Teflon）探討了壓力的正面影響。這本書則是討論如何在改變過程不要有壓力。共同去學習之所以改變是因為我們希望改變，而非必須改變。

讓你了解如何改變自己思考的習慣，像是跟自己說故事的不自覺思考模式，幫助你面對烏煙瘴氣的生活，真真實實地過日子。讓你做出決定，而不是依賴舊有習慣反應。基於自己認為的合理原因，有目的性地做事，並從中發覺喜悅，同時也能察覺自己是否漫不經心。選擇合適的習慣，幫助自己成為所希望的模樣。要知道情緒會激發行動，如果有能力在情緒下的直覺反應，和經過思考後的反應間之做出區隔，那麼就能夠做出更好的抉擇。

如同美國詩人華特・惠特曼（以及《錯棚教練趣事多》裡的足球教練泰德・拉索）所說：「保持好奇，不要妄下斷語。」

🌐找出你的「為什麼」（不是聽了就想吐的陳腔濫調）

許多心靈勵志大師都告訴人們必須找到生命中的「為什麼」。市面上充斥著上千種傳述如何活出有意義人生的課程。只要花少少的錢就能得到大師對你開示生命意義的解答，還可以分期付款。這類布道式的陳腔濫調讓包含我在內的很多人聽了就想吐。

然而不幸的是，找到你自己的「為什麼」真的很重要。如果缺乏一個能驅使行動的理想或好理由，實在很難讓執行的動力與承諾堅持下去。問題在於有許多滿口胡言亂語的大師，以高傲的姿態指責其追隨者，讓人因為覺得慚愧或內疚而想改變。如果有誰趾高氣揚地規定我非得怎麼做才行，我當下的反應一定轉頭就走。反應強烈一點的，就成了心理學家所說的「對立反抗症」（ＯＤＤ）。就算脾氣再溫順的人，心中也會出現一絲叛逆的念頭吧。只有為了完成符合自己價值觀或理念的事，人們才會自願且持續地改變。

這本書希望幫助讀者能用好奇的態度，發覺自身真正的價值，同時理解「為什麼」去做自己正在做的事。我不希望用一堆規則或說教的方式完成這本書，也避免使用奇怪的流行語彙，免得讀者擔心自己是否加入了什麼怪異的宗教組織。

不見得每個人都喜歡探討科學相關的話題，或者當個書呆子。市面上已經有數百萬種從科學的角度深入研究習慣的書籍，我會提供一些參考書籍作為幫助對改變產生好奇心的工具，但是不會讓人覺得自己進入神經科學大師級的專修班。

對什麼東西策動自己改變感到好奇，是一種能讓人把事情做好，同時享受其過程的好方法。因為自己想去做而非必須做，不是為達成別人覺得重要的事而做，這樣的心態更能讓人信守承諾。

你是鑽石

我的朋友麥可・迪桑提（Michael DeSanti）經營一個名為「尋找你的部落」的男子輔導團。他說：「你是個被糞土覆蓋的鑽石。」

資本社會一直在灌輸人們，鑽石是珍貴美麗的，應該要向外尋找以便得到更多的鑽石。然而麥可的觀點卻是「我們為什麼不把鑽石外頭的糞土擦掉就好？」

用好奇的態度仔細檢視自己的習慣，就是把妨礙我們展現出自己最美好一面的屏障去除掉。有時候減法比加法更簡單又有效。保持好奇的態度，不僅能讓你的數學變好，也會讓你的優點更為彰顯。只要能展現出自我最和諧的那一面，就會如同聖雄甘地所說：「**當人的思**

想，所言所行都達到和諧時，那就是快樂。」

當抹除外頭的糞土，你就能展現出一直都存在的最美好一面，只要能致力於建立我所謂的「身分目標」。那是一種和你的「為什麼」相關，希望能具備的人格特質。身分目標代表著你內在固有的、有意培養的，並且永遠存在的自己。做對了，身分目標就有如北極星一般，能導引你謹慎地做任何決定，並且成為你內建的預設模式。

若想去除糞土，你必須學習在不舒適的環境下也能處之泰然。它是一種能運用在有如海鞘般的老舊硬體上的更新程式。我們所熟悉的這套系統在獵捕長毛象的那個時代非常管用，然而隨著文明不斷演化，這套系統已經過時不管用了。如果繼續使用這套早就該被淘汰的系統，只會讓我們的行為表現距離自己想成為的模樣愈來愈遙遠。

如果想解決自己的奇怪習慣，就需要學習與不自在安然共存。

大家都想尋求答案，但這本書是提出問題

你想知道為何自己的財務狀況亂七八糟；為什麼不能在工作與生活之間找到完美的平衡點；為什麼明明自己非常想完成某件事，意志卻仍然搖擺不定。你也希望降低體脂，找到讓

體態更健美、身體更健康的方法。也許還想找出自己人緣不好的原因；能夠解鎖讓表現更傑出或生活更幸福的祕密。然而以上所有問題都沒有標準答案，每個人都不一樣，在某人身上管用的方法，搞不好會替另一個人帶來災難。

其實我們都知道該怎麼做，那就是保持好奇心。

這本書將幫助讀者用好奇的態度重新檢視自己所做的事，也許能發現不同的觀點，不同的處事方法，得到更好的結果。

我們會用這樣的心態重新看待健康和財富，感情與生活，工作與娛樂。我要和大家分享一些故事，用少許的科學知識點綴，再加上一些好笑的譬喻，以及很多很多的人生經驗。

這本書並非要告訴你該怎麼做，而是如何保持好奇心。它讓你發現可以用更審慎的態度看待習慣，同時永遠充滿選擇的機會。只要我們能從充滿生機的認同立場出發，而非匱乏的死沉沼澤。

從此讓生活中多一些好奇，少一些批判；更多勇氣，更少恐懼；包容脆弱，不需完美；接納自己的優點，更少遺憾。

是否迫不及待地想知道該怎麼做呢？讓我們現在就開始吧。

在開始深入探討人們常見以及有問題的奇怪習慣之前，我們需要先認識它們為什麼錯綜複雜又難以去除。了解人類腦袋的運作模式以及無法做出正確抉擇的原因、為何會對某事成癮且無法戒除，以及即使知道有問題的習慣需要改變，卻又束手無策。我們將學習如何把「觸發」轉變成好奇的「提示」，並且將原先預設的習慣迴路轉變為經過深思熟慮後的好習慣，讓人生變得更美好。

感到好奇了嗎？一起啟程出發吧！

PART I

PART I

為什麼無法做到「逆習慣」？

【第1章】

✣你是一群習慣的結構體

我們只不過是一堆習慣。

——威廉・詹姆斯（William James）

一名煩惱的父親對兒子的壞習慣感到擔憂，於是向年邁的智者請求協助。老人答應了他，帶著他的兒子四處走走。他們走進一片樹林，老人指著一簇雜草，要男孩把它拔起。男孩輕鬆地拔除了雜草，接著兩人繼續往林子裡走。

老人指著一棵小樹苗要男孩拔起，男孩照辦，不過這次多花了一點力氣。之後男孩又輕鬆地完成幾次拔除雜草的指示，但當老人要他把一株小灌木拔除時，男孩顯然費了一番功夫才完成任務。

最後老人指著一棵較大的樹，無論男孩用盡多大的力氣，嘗試不同的方法，最終都無法把樹拔起。

老人看著男孩，微笑地對他說：「無論好或壞，習慣也是這麼一回事。」

每個人都有很多不同習慣，其中某些有幫助，某些則會害了你。如同威廉．詹姆斯所說，我們的習慣造就絕大部分的我們。我認同他的看法。依照習慣行事時幾乎不需思考，它們可以算是我們的基本設定值。研究人員指出每個人至少有百分之四十到七十的行為表現是出自於習慣。

有句相傳是亞里斯多德所說的古老諺語：「我們的重複行為造就了我們。」習慣成為一個人的特質。如果有每天運動的習慣，那麼就會成為體態良好的人；如果有良好的理財習慣，就會成為富有的人；如果習慣對生命中所有美好事物都抱持著讚賞的心，就會成為懂得感恩的人；如果只看得見生命中消極黑暗的那一面，對任何事情都感到悲觀，那麼最後一定會變成可憐的混蛋。不斷重複的想法、感受以及行為都會逐漸變成自己的習慣，而這些習慣又會將我們定形。

不過沒有任何一種習慣是永恆不變的。只要保持好奇心，並且希望改變，我們就能改變它。同樣的，如果想改變看待自己習慣的角度，我們也能改變它。

在本章一開始提到的樹，如果它可以長成一棵美麗的大樹，人們能在樹蔭下休憩野餐，那麼我們就該慶幸那個有壞習慣的男孩無法成功地拔起它。但是若真的要除掉那棵樹，好奇心也能像鏈鋸一般地把樹鋸開，並利用木材蓋成一棟小木屋。

用好奇的態度檢視習慣，以及它們在自己身上發生的影響，能幫我們重新塑造自己的健康、幸福、工作以及想成為的人。

🌐 流口水的狗和跳舞的鴿子

數百年來人們始終對習慣感到好奇。不過直到二十世紀初，科學家才開始探索人類行為背後的意識思想。俄國的流口水狗大師伊凡・巴夫洛夫（Ivan Pavlov）發現只要每次在餵狗吃飯前搖鈴鐺，訓練一段時間後，即使沒有食物的誘惑，一聽到鈴鐺響起，狗也會開始流口水。其實當我們從某間麵包店前經過，巧克力餅乾剛出爐，香噴噴的氣味撲鼻而來，你就會發現垂涎三尺的我們和巴夫洛夫的狗並沒太大差別。我們的大腦擁有絕佳的預測功能，對於喜愛的事物會優先搜尋任何蛛絲馬跡，以便提前做好迎接美好時光來臨的準備。

和巴夫洛夫聽到鈴聲會流口水的狗的相近時代，哥倫比亞大學的愛德華・桑代克教授（Edward Thorndike）也開始研究人類如何學習、習慣如何養成以及如何改變。他是十九世紀末提出習慣迴路的第一人。如圖1-1。

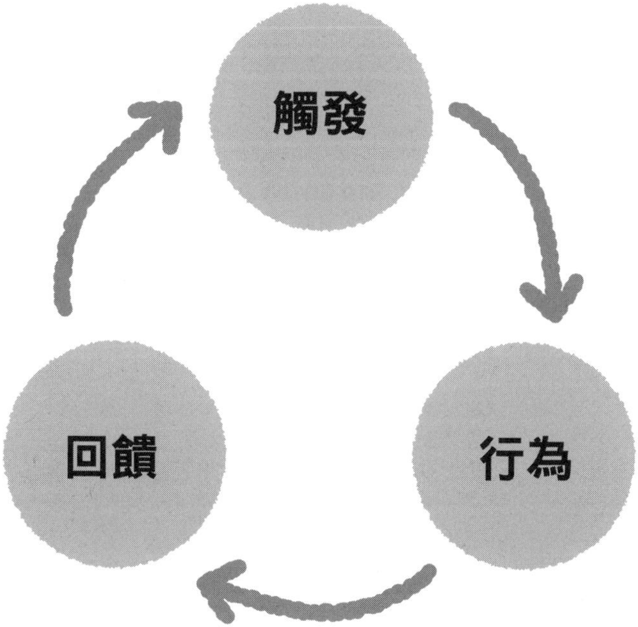

圖1-1　習慣迴路

桑代克指出任何能達成愉快結果的行為容易不斷被重複；而造成不愉快結果的行為多半會終止。這就是「效果律」。

在一九四〇到一九五〇年間，有一群以史金納（B. F.Skinner）為首的行為學家展開對大腦的研究計畫。他們用動物進行了多種實驗，想了解動物的行為模式。結果發現不僅是海鞘，無論老鼠、鴿子或狗，同樣都會尋求快樂並逃避痛苦。

二十世紀最著名，而且被引用及重複次數最多的一項實驗就是史金納箱實驗。他發明一種在受到控制條件下，用來研究動物行為的裝置。參與實驗的動物因為不同的反應而得到獎勵或懲罰。史金納和他的同事們發現，只要持續地給予一些回饋（例如好吃的小點心），就能誘導動物表現出特定的行為（例如觸碰控制桿）。鴿子很快地就學習到，只要輕啄箱中的一個控制桿，就能得到一些種子作為獎賞。他注意到箱子裡的那些動物很快地就發展出習慣性的行為：進入箱子、觸碰控制桿、大快朵頤，幹得好！藉由找出正確的回饋，這些優秀的科學家甚至能讓鴿子跳舞。

其中有個較為卑鄙的實驗版本，是讓老鼠進入通了電流的箱中，老鼠一定要壓下特定的按鈕才能停止被電擊。很快地老鼠就學習到如何做才能避免觸電。然而如果箱中本無電流，但每當觸碰到特定按鈕時就會受到電擊，相信老鼠再也不會觸碰該按鈕。這個實驗也證實了為避免壞事發生，同樣會產生新的行為動機，改變原本的行為模式。觸電的感覺實在是爛透了。

史金納將這種行為模式稱為「操作制約」。治療成癮的專家，同時也是正念行為改變大師——賈德森・布魯爾博士（Judson Brewer）則稱它為「**獎勵導向學習**」。當你嘗到甜頭，記住事情是如何發生的，下次再遇到同樣機會時，就會如法炮製。以上所有動機在本書一開始時就提過了：避免痛苦，尋求快樂以及節省能量。這些就是海鞘賴以生存的最重要準則。

如同巴夫洛夫提到大腦是個預測的機器，即使海鞘或鴿子這類動物的腦袋瓜子非常非常小，牠們除了能避免痛苦，尋求歡樂之外，還能預測自己是否喜歡或討厭某件事情。史金納注意到當動物有預感好事即將發生時，會移身到最佳位置守候。有點像盤旋在沙漠上空的兀鷹，等待著飢餓又脫水的探險家倒下一般。兀鷹能從垂死邊緣者掙扎的動作判斷是否即將可以飽餐一頓。

現在應該開始用好奇的心態檢視自己的習慣了，因為就算當初的回饋獎勵已經消失，習慣一旦養成就很難再改變。巴夫洛夫發現即使知道不會再被餵食，但當已經養成習慣的狗聽到鈴聲響起時仍然會流口水。科學家們把這種習慣稱為「不變量獎勵」，意思是無論有沒有得到獎賞，習慣的行為仍然照舊發生。

舉例來說——吸菸。如果你正好是個老菸槍，那麼這種奇怪的習慣八成在青少年時期就已經開始。叛逆的孩子會用吸菸來證明自己已經長大，也用這種行為融入其他同樣叛逆，已經長大的酷孩子群中。雖然被菸嗆到時會咳嗽，全身散發出像菸灰缸一樣的臭味，不過和吸菸時又酷又帥的模樣相比，這些只不過是小小的缺點。更別說吸菸能讓你找到歸屬感。尼古丁帶來飄飄然的感覺，最終當你已經成癮於尼古丁時，不吸菸就會感到全身不自在。

多年之後那些曾經自以為酷的孩子們不見了，吸菸不再有歸屬感的連結。事實上它反而會讓你與人群愈離愈遠，因為菸臭味惹人嫌惡，你必須遠離人群才能點燃口中的致癌小棒子。最初的獎賞與連結如今已消失不見，但是習慣仍持續著。因為節省能量讓你繼續這麼做。一旦習慣被養成，大腦的思路成為既定模式，無論有沒有得到獎賞你都會按照習慣行事，它已經成為不變量獎勵習慣。

除了習慣之外，菸中的化學物質能讓人上癮，所以更加重被這個習慣制約。如果想戒除這個習慣，已經成癮的大腦會感到非常難過，只好點一支菸來減緩不適。每當受到尼古丁戒斷所帶來的全身不自在時，你知道怎麼做能讓自己舒服些，於是又一根棺木上的釘子被你點燃了。

即使沒有受到化學物質成癮的影響，不變量獎勵的習慣依然發生在你我之間。有些人習慣性地憂慮。新手父母覺得無時無刻不對嬰兒感到憂心，才是認真負責父母的表現。三十年過去了，不再需要對這些已經三十多歲的中年兒女煩惱擔心，但是當父母的還是放心不下。你看，不變量獎勵習慣。

🌐誰在駕駛這玩意兒？

自動駕駛是很棒的發明，因為有了這項創新的科技，讓搭飛機往返世界各地變得前所未見的安全。它能避免人為疏失，拯救了數以千計寶貴的性命。然而萬一你正航行在錯誤的方向卻開啟了自動駕駛，問題就產生了。

用好奇的態度看待自己的習慣，就像是重新調整自動駕駛程式，以便讓你的行為和自己預期的方向一致。

如果你看過我的第一本書《壓力不沾鍋》，一定知道我非常重視演化生物學。因為原始穴居人那樣做，所以我們現在也是這樣做。事實上最初預定的書名並非《壓力不沾鍋》，而是《原始人的優勢》。從過去到現在我始終相信，只要能了解我們的身體為什麼因為某件事而演化，就能知道該怎麼做才能讓現今的世界更理想美好。原始穴居人被史前老虎追捕，和我們的臉書帳號被凍結，兩件事看起來似乎完全沒有關聯。別說原始人不會收發電子郵件，不懂如何使用電腦，他們甚至根本不識字。但是對彼此的大腦及身體來說，被老虎追捕或帳號被凍結所感受到的脅迫卻是相似的。

若想揭開人類習慣是如何養成的神祕面紗，你需要冒險返回史前時代，認識一萬年前的人類如何在那個洪荒世界生存。事實上，有一部分生存系統仍然留在你我身體中。一些很基本的行為模式幫助原始人活了下來。雖然到了現今世界已不再管用，但我們仍保有該種奇怪的習慣。人類的身體經過了數千年的演化，卻趕不上現今快速變化的世界。短短二十年間就發生劇烈的改變，我們的身體或生理反應，完全跟不上環境變遷的腳步。

人類存在的絕大部分時間裡，都活在一個及時行樂的環境中。試著想想位於塞倫蓋提大草原上的狩獵民族，生活中所有行為都出自於三項動機：

一、避免痛苦。

二、尋找快樂。

三、節省能量。

這三項動機建構出人類的基本行為習慣。面對正要發生的事，啟動海鞘般的思考模式來決定優先順序。及時行樂是我們的基本設定，沒有比安全又快樂更重要的決定。一萬年前的人類並不需要什麼長遠的計畫，活下去就是最重要的事情。可怕的猛獸環伺，尖牙利爪的老虎、獅子，還有體型巨大的長毛象，想在那種環境下活著可不簡單。只要別英年早逝就是演化上的優勢，而那些擅長活命的原始穴居人，自然就把他們的優良基因遺傳給了我們。

避免痛苦

有一種消極的人格特質，就像是排行居中的髒兮兮孩子一樣，比起老大或老么更容易被人忽略。沒有人希望自己具有這種人格，也不喜歡和這類人打交道。但是問題就在於每個人天生都帶有消極的基因。在海鞘模式中的絕對優先權，最重要的驅動法則就是避免麻煩找上門。

人類都具有消極傾向，我們更容易被負面的事物吸引，而不是先注意積極事情。要知道，當初那些樂觀且超級正向的原始穴居人，因為想尋找天空美麗的彩虹而走出洞穴，最終下場大多進了老虎的肚子裡。只有那些成天憂心忡忡，害怕被老虎吃掉或者擔心外面世界很危險而不敢離開洞穴的原始人才能存活下來。理所當然地我們都繼承了他們的基因。容易焦慮以及消極的態度讓我們保持警覺。

包含思考、感覺及行為在內的各種生理表現，避免痛苦都是第一優先的基本設定。避免痛苦是一種反射動作，舉例來說，當你的手觸碰到一個熾熱的鐵鍋，絕對不可能有誰還需要思考一下是否應該把手移開。當下的反應一定是迅速地把手抽回，嘴裡嚷嚷著「靠！燙死人了，我再也不會幹這種蠢事。」（海鞘反應模式）。人類大腦掌管恐懼的中樞叫杏仁核，它就位於掌管記憶的海馬迴旁邊。這種結構性的巧合能將把你嚇得屁滾尿流的可怕事情迅速記住，絕對不會再犯第二次。

再舉一個例子。如果在工作上你嘗試了一種新方法，結果不幸搞砸，被老闆罵到臭頭。被批評成一文不值的你，心中的小海鞘告訴你趕快搬家吧，趕快搬去另一個快樂安詳的海床。然而可憐的你，早就忘了自己已經把腦子吃掉，哪裡都去不了。受到責罵的當下反應可能是不幹了，吼回去；或者從此看到老闆就腳底抹油先溜；或者發誓再也不願嘗試新方法，免得重蹈覆轍。以上都是避免痛苦的內建預設反應。如果那件事真是糟糕透頂，那麼你一定會牢牢記住，就像吃素的人絕對不碰漢堡一樣。

皮質醇和腎上腺素是和壓力有關的荷爾蒙，它們能驅使我們避開痛苦。戰鬥或逃跑是求生的本能反應，而上述荷爾蒙讓我們產生足夠能量以便逃跑或反擊，保命優先於一切。

當保命是首要任務時，皮質醇這種荷爾蒙會把任何與逃命或戰鬥無關的身體功能都關掉，全心強化所需要的系統。當被老虎獵殺的當下，你完全不需要消化、免疫或生殖等功能。於是皮質醇把這些系統都關掉。你身邊八成也有那種因為壓力太大，經常拉肚子的腸躁症患者；或者容易生病，完全沒有性生活的朋友。因為他們的身體正浸泡在皮質醇中。除非能夠找出解決緊迫和壓力的方法，他們這輩子都只能吃清淡無趣的食物，沒有什麼朋友，而且三天兩頭就要去看醫生。

處於海鞘模式的我們討厭痛苦。然而大多數美好的事物都位於不舒服、掙扎或困難的那一端。**一味地排斥挑戰，完全任憑內心海鞘式的直覺去掌控你如何感受、思想或行動，也是一種奇怪的習慣。**

🌐 尋找快樂

如同桑代克和史金納的發現，我們會不斷重複讓自己感到愉悅的行為。海鞘模式的尋找快樂，就是發覺當下感到愉悅的事。

在我們的大腦獎勵系統中，多巴胺是個搖滾巨星。它是驅使人類尋找快樂的關鍵。作為讓人欣欣向榮的荷爾蒙，多巴胺能策動我們趨向快樂的事物。

一個飢餓的原始穴居人看到遠方有棵結實纍纍的蘋果樹，腦子分泌出一點點多巴胺。史前的大腦接著自行腦補畫面：那些蘋果一定很好吃。這時又有更多的多巴胺被分泌出，讓他對那棵蘋果樹產生更大的興趣。當他終於摘下蘋果，一口咬下時，他的獎勵系統發出歡呼聲：「哇噻！太好吃了！下次肚子餓時，要記得到這個地方啃些蘋果吃。」

多巴胺對於學習和記憶至關重要。任何與性愛、嗑藥或者搖滾狂歡的事情都少不了它。這種化學物質可以讓人上癮，但它也能讓人保持專注、聚精會神以及做出承諾。如果我們正確地使用它（注意，重點在於如果），多巴胺能幫助我們保持在正確的道路上，追尋自己的理想，同時感到一絲愉悅。然而若只開啟海鞘模式，那麼它很可能會讓我們耽溺於任何眼前的歡愉。

節省能量

現今人們已經知道大腦只占全身體重的百分之二，但卻要消耗掉百分之二十的能量。演化是一種精打細算的改變，既然進化後的大腦需付出那麼昂貴的代價，那麼它一定有特別的功用，而我們一定要充分發揮它的效能。**對於大腦來說，習慣可算是一種節能模式。打從人類從爬行、站立一直演化至今，大腦不曾間斷地利用習慣來啓動自動駕駛，以便節省能量。**

當你第一次學習開車時，一定緊張到不行。引擎要怎麼發動，方向燈撥桿在哪裡，腳是放在油門還是煞車踏板上，雙手緊握在方向盤的兩點和十點鐘位置，還要不時注意前後來車以及盲區等等，有幾百萬件事情需要留意，非常耗費精力。然而一旦學會了，開車只不過是件輕鬆又愜意的小事，哪裡需要消耗什麼能量。一旦養成習慣，不再需要思考就能完成所有動作，你就等同開啟了自駕模式。

有次工作忙碌了一整天，我準備開車回家。已經過度負載的腦袋選擇了它最熟悉的記憶，等我回過神時發現抵達了舊家，忘了幾週前我已經搬到新的住所。有時我會開我太太的車，每當我準備轉彎時，雨刷就會開始乾刷前擋風玻璃。因為我的車的雨刷和方向燈撥桿位置，正好和我太太的車相反。

習慣能節省及釋放能量。如果我們不再需要思考生活中最基本的行為模式，例如怎麼走路或者怎麼吃飯，就能夠將省下的能量投注在其他更有意思的事上頭。習慣除了節省能量，也釋放出更多精神空間。於是居住在洞穴裡的原始人發明了矛和輪子。現代人發明了手機、空拍機以及無人駕駛的汽車。

處理壓力是一件相當耗費大腦能量的事。度過壓力爆炸的一整天後，腦袋的油量表已經亮起紅燈。**只要我們經歷的壓力愈大，就愈容易轉向依賴舊習慣**。試著想想看，當你度過了特別緊張的一天，你的意志力還能再撐多久？你已經承諾會好好控制糖分的攝取量，為未來擬訂了健康的飲食計畫。結果今天老闆發神經，而手上有個大案子必須在不可能做到的時間內完成，加上回家後發現孩子生病了，老公又突然決定今晚要和你談談婚姻問題。這時你一抬頭，看到架上的瑞士巧克力。抗拒是一件消耗能量的事。投降吧，進入海鞘模式，做那些讓你感到愉快的事不是很棒嗎？如果啃一根巧克力能讓你感到愉快，壓力就會削弱你的意志，只是一根小小的巧克力棒就可以帶來大大的滿足，何樂不為呢？未來是否會得到糖尿病，或者穿不穿得下褲子，都比不上此刻能讓自己覺得快樂一點來得重要。在稍後的章節中，我將會進一步討論壓力問題。

舊腦袋、新腦袋

人類大腦的演化已經經歷數千年之久。其中有些構造所有動物都有，有些只有人類才具有。為了方便本書接下來的解釋（並放縱我想快速獲得好事的奇怪習慣），我就廢話少說，直接將它們簡稱為舊腦袋和新腦袋。

所謂的舊腦袋，包含了腦幹、邊緣系統、杏仁核及海馬迴等。如同你獨特的海鞘模式用來掌管一切，負責趨吉避凶。這部分的反應非常快速，只有「是」或「否」兩種選擇。不是黑就是白，完全沒有中間細微的灰階變化。每當任何事情發生，你的舊腦袋會立即判斷出是好事還是壞事。早在公車快撞上之前，舊腦袋已經讓你跳離事故現場。它讓你能立刻辨識出滿口胡言的推銷員是個狡詐分子。它的責任就是保護你的安危，所以總是警戒地注意任何可能傷害到你的事物。舊腦袋不具備語言能力，也不能為你規劃未來。但是它掌管著你的情緒，特別是和害怕有關的情緒，以及記憶功能。

新腦袋包含了前額葉皮質，是個用於預測及規劃的機器。它的工作效能較慢，會從大腦資料庫中搜尋類似的記憶模組，比對彼此間的細微異同，讓你在權衡後做出抉擇。新腦袋需要很長的時間才能發展完成（在人類二十多歲前尚未發育完全），因為它需要全盤考量你的生活環境，以及從世界運行的方式中學習到的任何事情。依據你過去的生活經驗，以及它們如何造就了你的認知，最後才能讓你的新腦袋成形。

史丹佛大學靈長類動物學家羅伯・薩波斯基（Robert Sapolsky）指出大腦的前額葉皮質

能讓我們認知**即使某件事很困難，但因為它應該被完成，所以我們仍決定面對困難**。這就解釋了為什麼年輕人，特別是那些被荷爾蒙控制的青少年經常衝動行事，也比較無法專注於困難的事情上。因為他們的前額葉皮質尚未發育完全，遇到困境時，內在成不了什麼氣候的小海鞘就會跳出來接管一切。

新腦袋能幫助你認真地思考自己到底在做什麼。第一次使用新腦袋時可能會覺得有些不舒服，需要多花點力氣，但是如果你真的想改變自己的習慣，新腦袋能夠讓你有足夠的好奇心。

情緒、記憶和行動

還記不記得二〇〇一年九月十一日那天發生了什麼事？如果你的年齡在三十歲以上，那麼記不記得黛安娜王妃身亡的事？這些事件都牢牢烙印在我們的集體記憶中。我還記得格雷格·諾曼在一九九六年的美國名人賽中敗北；一九九〇年的澳式足球聯賽總決賽的賽況；以及我的寶貝女兒出生的那一天（克洛伊，你應該知道以上順序和重要性無關唷）。我永遠忘不了一九七九年的電影《天涯赤子情》，年僅九歲的我，看到瑞克的爸爸在拳賽後傷重不治，不敢相信地睜大了眼，痛哭出聲。之所以對這些事情的印象那麼深刻，都是因為當下所感受到的情緒非常強烈，以至於難以忘懷。

大腦有著十分複雜的網路連結，以便讓我們能記住事情。掌管記憶的海馬迴就在杏仁核的旁邊，而後者是恐怖或情緒的管理中樞。九一一事件為我的杏仁核帶來強烈的衝擊，使得海馬迴立刻活躍起來，讓我盡可能地記住那一天發生的所有事情。那天早上我正在電腦前為慶祝母親的六十壽誕製作影片，姐姐突然跑進來叫我趕快打開電視。目睹飛機衝撞世貿二號大樓的即時轉播，畫面讓人感到極為驚恐。接下來數週之內，各個電視頻道又不斷地重播那些畫面，更讓人加深印象。我不大記得其他年分是如何替母親慶生，不過我永遠忘不了她六十歲的生日。此外我還記得在她七十五歲高齡時，為了替孫女辦個以叢林為主題的生日派對，她裝扮成一隻大猩猩的模樣。她就是那種可愛又有趣的母親。

情緒對於記憶有極大的影響，它幫助我們記住事情的來龍去脈。我們在什麼地方，或者跟誰在一起。那些非比尋常或者讓我們特別有感的事情，會讓記憶更加深刻。

最後我們會創造出一則關於該事件的故事，那個故事再成為一段記憶。我們不一定完全記得住該事件的真相，只記得住自己為事件編織出的故事。然而那些重複回憶起的故事不見得就是真相，但我們可以改變它。關於這一點，在稍後的章節中會繼續討論。

將近一百年前，戴爾・卡內基（Dale Carnegie）提出一件至今人們仍認同的事，他說：「我們和某人打交道時，要記住你所面對的不是一個邏輯性，而是情緒性的生物。」過去這百年之間許多事已發生改變，但是情緒仍然是影響人們奇特習慣的因素。情緒激使舊腦袋做出行動，如果身體是一輛車，舊腦袋就是司機。它非常認真地駕駛，隨時注意閃避其他車輛、道路上的坑洞以及鬆軟的邊坡（你的情緒）。它必須迅速地對一個新出現的情緒做出反應。而新腦袋則坐在副駕位置，手上攤開著地圖，老派作風加上喜歡眼觀八方，所以不使用衛星導航。為了讓司機不要偏離航道，它需要讓海鞘聽懂不大容易了解的指令，同時還得讓舊腦袋知道，在不自覺被情緒激使下所做出的決定，是個非常糟的決定。因為面對情緒試圖告知的殘酷事實可能會讓我們察覺世界是痛苦的。

你是否曾經喃喃自問「神經呀，我幹麼這麼做？」相信大家都說過類似的話。許多時候我們所做的決定都是基於習慣，舊腦袋被當下情緒激使所做出的倉促反應。過一會兒新腦袋趕忙接手，編一個故事來合理化自己的行為。舉例來說，一名老婦人變換車道時不小心擋到壓力過大的路怒症者，惱怒的他在察覺自己做了什麼事之前，已經豎起中指，滿口粗話地詛咒那名可憐婦人無數遍。他的舊腦袋忽略掉任何其他的可能情緒，認為上了年紀的人就不該繼續開車。

好奇的習慣整合了我們的感受、想法以及行為。如果我們對於所做的事情有任何解釋或改變的機會，了解在感受或行為下真正的情緒，以及意識自己真正的想法就十分重要。哈佛心理學家蘇珊・大衛（Susan David）說，要將情緒視為一個指標，對於自己感受到什麼，以及為什麼有那種感受保有好奇心。如此一來就能表現出更謹慎的行為，而不會受控於舊腦袋，或者事後再找其他藉口來自圓其說。

成癮：當習慣背叛你

大家都喜愛史帝芬。他待人親切，工作認真也喜歡和人聊天。四十多歲的他已經是國家級連鎖藥局的執行長，開著超炫的汽車，住在市郊的豪華別墅，孩子們全都就讀昂貴的私立學校。

自從取得藥學學位後，他就進入一間大型連鎖藥局擔任藥劑師。他熱愛自己的工作並感到得心應手，熱心助人的個性讓他在顧客及同事之間都深獲好評。他甚至會親自把藥送往無法前來藥局取藥的病患家。

幾年後他娶到高中時就為之心儀的甜美女孩——凱特，同時開始管理自己的分店。營業額蒸蒸日上，兩位愛侶買下生平第一間房子（也開始背負生平第一筆房貸）。就這樣又過了幾年，家裡新增了幾個寶貝，史帝芬也獲得升遷為區域經理職缺的機會。有幾個年幼的孩子要養，再加上沉重的房貸，開銷愈來愈大，於是史帝芬毫不猶豫地接受了這個薪水更高，還享有公司配車的職位。

工作的時間愈來愈長，剛開始還適應良好。但是當孩子們準備就學時就漸漸開始出現問題。他幾乎無法在孩子就寢前返家，頂多只有週末才有時間和孩子相處。凱特也開始抱怨自己像個單親媽媽。忙碌工作了一整天，史帝芬回到家後便開啟放鬆模式。不是邊喝啤酒邊觀看運動頻道就是打電動遊戲。夫妻兩人之間的距離愈來愈遠，婚姻似乎也出現危機。

一轉眼十年的光陰就過去。史帝芬已經當上公司的新執行長，擁有自己的辦公室，生活也愈來愈富裕。公司發展得十分順利，董事會對他感到非常滿意。

只有一個小問題，那就是史帝芬的日子過得有些悲慘，第二段婚姻也即將觸礁。因為幾乎所有的時間都在工作，於是他開始在回家的途中，先繞到酒吧快速地喝一小杯以紓解壓力。好不容易熬到週末，一瓶可樂加上一袋洋芋片可以陪伴他玩一整天的《決勝時刻》射擊遊戲，完全沒留意到妻子試圖挽救兩人的婚姻。與前任所生的孩子已進入青春期，他們與凱特同住，幾乎不和父親聯絡。史帝芬的體重已經超重三十公斤，最近剛被診斷出患有第二型糖尿病。他依舊是個好人，然而他的生活習慣與生命中最重要的事有所牴觸。

到底是哪裡出了錯？

狡詐的習慣

當人們提到成癮，心裡想到的大多是酒精、海洛因以及安非他命之類的東西。研究習慣、行為設計和人類獎勵系統，這些我所熟悉的領域讓我開始了解習慣的黑暗面，以及當習慣讓人上癮後會發生什麼後果。

每個人都有一些壞習慣：沒人發現時偷偷吃一條巧克力；藏在抽屜最下層，上頭還用襪子蓋好，令人臉紅心跳的情色小說；偶爾花點小錢押注在賽馬上，好讓週末下午過得更刺激一點。這些小小的不良嗜好並不是成癮。在週五晚上喝上兩杯，和每晚都喝到不醒人事地醉倒在馬路旁的積水坑裡有極大的差別。但是要小心的是，如果不加以留心，那些微小的不良習慣很有可能讓你轉變成無法自拔的成癮者。

我認為成癮有兩種同時具備的定義，第一種像是神經科學家安德魯・休伯曼（Andrew Huberman）所定義的：「**對將帶給你快樂的事物逐漸縮小其範圍**」。

第二種則如同賈德森・布魯爾博士在他的《渴求的心靈》一書中所定義：「**儘管有不良後果卻繼續使用**」。

對酒精、藥物（無論是處方用藥或娛樂所用）、菸草、尼古丁以及賭博等事物著迷，很有可能讓人無法自拔，最後導致生活一團混亂。有太多因為酗酒、吸毒、菸草中毒、將畢生積蓄甚至借貸來的錢揮霍在賭場，最後一敗塗地的悲慘不幸的案例。

除了上述大家都知道的成癮事物之外，還有許多同樣會導致不良後果，並且逐步縮小能帶來快樂感受，但不易被察覺的事物會讓人上癮。例如：

- 食物
- 性愛及情色
- 工作
- 咖啡（或咖啡因）
- 購物
- 手機及其他科技產品
- 電玩遊戲

上述這些事物或行為在本質上完全沒有問題。每一個人都需要食物，更不用說性愛活動有多麼美好。手機呢，根本是現代生活中不可或缺的必備物品，在馬斯洛的需求層次理論中，算得上是僅次於空氣的基本需求。就連尼古丁也有正面的功效，它能加強認知能力，改善運動技能，增進注意力和記憶力（雖然如此，我個人還是不會因此吸菸）。然而一旦以上行為變成一種不得不的強迫症時，問題就產生。而且這種事發生的可能性還相當大。因為它們在初期能啟動多巴胺的獎勵系統，所以很容易就變成奇怪的習慣。人們內心的古老海鞘模式為了能專注在尋找食物或追求性愛，發展出這種為了存活或需要的獎勵系統。布魯爾博士的意思就是：「成癮就像進化中的貨運列車，各種被濫用的毒品都搭上了這班多巴胺快車。」

對史帝芬來說，多巴胺讓他在職場上得到成就感。事業成功讓他嘗到甜頭。不幸的是，他無法在工作和生活間劃清界線，導致工作時累積的壓力無處宣洩。回到家後，精疲力竭的他需要尋找其他方法疏導壓力，於是啤酒、洋芋片和可以放空心思的電玩遊戲就成了多巴胺下手的目標。他得到即時但短暫的舒緩，漸漸地這種模式就成了生活習慣。

多巴胺的獎勵回饋路徑讓行為開始成形，久而久之就成為根深柢固的習慣。大腦熟悉了習慣中所有原本十分複雜的行為，便不再需要獎勵回饋。這時，習慣就變成了不變量獎勵，無論該行為能否帶來快樂已不再重要，反正你都會照做。**就像是那些奇怪的習慣一樣，許多在初期讓人感到快樂的成癮事物，最後都變得不再有感。**

這就引出了問題：「為何這麼做？」大多數海洛因成癮者之所以繼續使用海洛因，並不是為了尋求快樂，而是用來減輕上癮後的可怕感覺。只有繼續成癮才能避免痛苦。

治療毒品成癮的專家嘉柏・麥特醫師（Gabor Mate）指出，那些造成非這麼做不可的問題「並非出自於人們的選擇，也不是一種遺傳性疾病。而是精神上或生理上對於生活中痛苦經歷的回應」。因此他想要了解成癮的患者「為什麼痛苦」，而不是「為什麼上癮」。他看到這些絕望的成癮者嘗試解決問題：情緒痛苦的問題，大到無法承受的壓力，人際關係的疏離，無法控制自己，同時對自己極度感到不滿，覺得這個世界無容身之處。

很多時候（但並非絕對）這些痛苦源自孩提時的創傷，因此需要透過諮詢或治療來找出原因所在。過去我總以為那些在年幼時受過傷的人，現在應該要成熟一點，堅強地面對從前的傷痛。對我來說，把一切失敗過錯都歸咎於自己小時候受過傷，只是不負責的推諉逃避藉口。

然而事實證明我是錯的。還好透過神經科學的學習，舉辦精神健康急救課程，以及和一些曾受過傷的當事人實地溝通後，我總算認清真相。了解到那些曾經歷傷害的孩童，痛苦的烙印會陪伴他們成長。因此需要花上更長的時間及努力才能建立起一條新的路徑。感謝我的父母讓我健康幸福地長大，對於那些曾遭遇不幸的人們，我需要更多的同理心和憐憫心。

在史帝芬的案例中可以發現他的成長過程，對於如何看待自己的價值有很大的影響。他認為自己能從工作中所獲得的成就來證明自我價值，因此生活重心就偏向於追求大眾普遍認同的身分地位或收入。他熱愛能幫助人的藥劑師工作，可是因為將追求財富和地位擺放在人生中最優先的位置，讓他漸漸偏離了讓自己感到快樂的助人初衷。作為工作狂是一件非常辛苦的事，同時可能讓人養成許多不希望的習慣，造成親愛的家人或朋友逐漸遠離，最後自己的心靈或身體都可能因而被拖垮。

了解人生自動駕駛的演化過程，以及在情緒、記憶與行為之間的彼此關係，能幫助你對自己的習慣產生好奇心。你可以從先前學習到的資訊重新檢視一下自己的感受、想法以及行為。下一章我們要討論改變習慣的基本方法。

【第2章】

重新建構你的習慣

無聊的解藥是好奇心，但好奇心無解。

——相傳是桃樂絲・帕克（Dorothy Parker）所說

薛西弗斯的故事十分值得警惕。希臘神話故事裡的薛西弗斯因為過於驕傲自大而惹怒眾神，結果眾神想出一個最嚴峻的方法來懲罰他，讓他永無翻身之地。他被處罰必須將一塊巨大的石頭推上山頭，但由於山徑過於陡峭，以至於忙碌一整天後又眼睜睜地看著巨石滾下山谷。就這樣日復一日，薛西弗斯每天都在做同樣的苦工。看得出來古希臘的神祇不但聰明而且還有點卑鄙，誰惹毛了他們都不會有好下場。他們想出最能折磨心智，揪心揪肺的處罰方法，讓薛西弗斯這位可憐的老傢伙只能悲慘地度過餘生。

看看我們自己的生活習慣，是不是跟薛西弗斯也有些類同？一天工作十二小時，顛簸曲折的通勤過程，還有惡劣的工作環境。我們跟薛西弗斯一樣都渴望能卸下肩膀上的沉重巨石。有些人上健身房把自己操得半死不活，只能啃幾根芹菜莖果腹充飢，一陣折騰下來好不容易減輕了三公斤，但沒多久又莫名其妙地增加了四公斤。我們是否出於正當的理由為自己設下目標並且追尋它們？我們是否真的因為喜歡豪宅名車而去購買豪宅名車呢？還是只想用這種方式讓別人對自己刮目相看？我們是否習慣用其他物質來填補自我價值的不足，在消費行為結束後，那些物質本身也不再具有任何價值？

改變舊習慣是一件相當費力的事，尤其第一次嘗試建構新的習慣，往往會事倍功半。再笨的海鞘也不會幹這種事。還好人類的腦袋比海鞘大上不少，**只要能和我們的長期目標連結（要記得是我們自己的目標，而不是他人的目標），就能發展出一種幫助我們實踐的新習慣。**剛開始有些辛苦，但只要讓這些精心養成的習慣成為我們的預設模式，日子就會過得愈來愈輕鬆。

沙丘上的軌跡

我在引言部分曾經提到普通人的大腦由八百六十億個神經元構成，每個神經元會再與其他數千個神經元連接，因而建立起極為龐大又複雜的神經網絡。其中有些路徑短、有些長；

有些脆弱、有些強壯。當整個神經網絡活絡起來，每個神經元彼此溝通，就造就人們的感覺、思想和行動。我喜歡把神經路徑比喻為沙丘上的小徑，人們到海邊戲水時，一定會走在已經被很多人走過的清晰路徑上。當然也可以直接穿越鬆軟的沙丘，只不過這樣做比較費力。

人類和電流或水流有些類似，都會找阻力最小的地方通行。習慣有一點像我們的大腦堅持走舊路徑，很多時候我們之所以會有那種想法，是因為一直以來我們都是那麼想，別無其他想法。一旦預設習慣是走那條舊路，就會不假思索地不自覺走上那條舊路。**久而久之，我們對於某些事物的感覺、想法或所作所為等習慣，有可能將我們帶往自己根本不願意前往的方向。當出現這樣的結果時，我們的老習慣就成為奇怪的習慣。**

還好我們可以在沙丘上開闢新的路徑，只要能夠謹慎地選擇一個新方向，並且不斷地步行在這條新路上。這是一條通往你想變成什麼樣的人的道路，一條和你想獲得的感受、想法和行為一致的路。

即使剛開始比較辛苦，還是應盡可能弄清楚自己想養成什麼習慣。無論是沙丘上的路徑或神經網絡，只要審慎地選擇出一個更好的新方向，接下來每行經一次，該路徑就會更加清晰。直到有一天新開發的路徑已經穩定明顯，不知不覺中你自然就會走在該路徑上。目光不要短淺，你應該為自己真正想達到的目標建立新習慣。

從我位於澳大利亞黃金海岸的住家往北到布里斯本，如果走M1高速公路的話大約只要一小時車程便可抵達。在那條有十線車道的巨大高速公路右側有另一條與之平行的二線道公路，蜿蜒穿過起伏的丘陵。在我小時候，二線道公路是連接兩大城市的主要道路。

謹慎地培養習慣或者建立新的神經網絡就像蓋高速公路一樣，起頭都不容易，但是能實現心之所向的結果相當值得。舊習慣像二線道的蜿蜒舊公路一樣，就算使用頻率低但並未因此消失。像是一首曾經熟悉的歌，即使二十年沒聽到它卻依稀記得歌詞；學會如何騎車就不會忘記它。如果漫不經心，可能又開上了舊公路。保持好奇心和細心思量，可以避免這類事發生。

好奇心的魔力

在我差不多四歲的時候，把一輛經常拖在身後的紅色小汽車的車輪弄掉了。舅舅看到我努力地想把輪子裝回去，卻怎麼弄都弄不好。舅舅的脾氣不大好，但是很喜歡在我面前展現自己有多厲害。他檢查了一下小汽車，發現車輪只靠一根插銷固定在輪軸上，於是到倉庫找了一根外觀差不多的代用品，耐心地在我面前示範如何將插銷插回，把輪子重新固定在輪軸上。我簡直驚呆了，原來方法那麼簡單，但是效果卻那麼神奇。就算只是個四歲孩子，也能感受到好奇心的美好。

所有孩子天生都很好奇，喜歡問為什麼，什麼事都想知道也喜歡嘗試新事物。巴勃羅・畢卡索說：「每個孩子都是藝術家，問題在於當人們長大後如何繼續當個藝術家。」當人們長大後，好奇心為什麼就停擺了呢？

華頓商學院的教授亞當・格蘭特（Adam Grant）在他的書**《逆思維》指出，把自以為已經知道的事忘掉並重新學習十分重要**。每個人的腦袋裡都有個存放痛苦的資料庫。我們忘不了學校話劇演出時自己在台上忘詞的窘態；忘不了女朋友嫌自己不夠勇敢而選擇分手。等我們長大時，這些資料庫的容量已被填滿，我們也發展出一種神經路徑的習慣迴路。內心的海鞘模式決定自己的人格特質，那些發展出的習慣扼殺了好奇心。

對於孩子來說，他們的大腦超級靈活有彈性，持續地製造新的神經連結，所以學習任何事物都輕鬆容易。然而成人則習慣用固有的思考模式面對人生。所以格蘭特教授才會提出，**人們需要致力於放下已經學習到的事**。

回頭看一下人生最原始的三個動機：避免痛苦、尋求快樂以及節省能量。當我們犯錯時會激起以避免痛苦為動機的相關習慣，做錯事令人窘迫，會削減自信心。沒有人喜歡這種感覺，所以我們都會避免犯錯。

要知道從演化的角度上來看，避免痛苦是最重要的基本設定。如果你在與古代老虎角力的生活競賽中失敗，那麼接下來演化這件事就與你無關了。如果某件事一旦做錯會讓人飽受責難或產生羞愧感，那麼人們多半會選擇再也別去碰它。

為了保有好奇心，我們需要學習「從犯錯中得到喜樂」，並且將獲得的新訊息視為一種思想上的升級。我認為犯錯有點像替心靈沖個冷水澡，當下的感覺可能不怎麼舒服，但是對我有益。如果能學習喜歡它，可以讓我們更容易放下不想要的奇怪舊習慣，幫助升級為新想法。**每當獲得與舊習慣相互牴觸的新訊息時，人們多半會堅持己見，拒絕改變**。研究指出，如果人們抱持某種觀念的時間愈長，或者投注在上頭的精力愈多，該習慣就愈難改變。

戴夫・馬斯泰恩愛生氣的習慣養成已久，為他帶來成功及榮譽的同時，也帶來很多痛苦、成癮及悲傷。為了繼續在這個世界上生存，**他必須重新思考每一件自認為已經知道的事**。最終，那個愛發脾氣又固執的搖滾明星選擇改變。他冷靜下來，他發現了上帝。好奇心讓他開始探索舊習慣對過去的自己造成什麼影響。之後的他依然創作那些讓歌迷們瘋狂，音量大到可以震破耳膜的金屬歌曲。不同的是，他已經學習到從感激、認同和有目的的立場出發。

🌐預設的習慣迴路

在第一章我介紹了桑代克教授提出的習慣迴路的觀念。生活中有非常多事情都循著這種習慣迴路進行。聞到香噴噴的餅乾（觸發），吃掉它（行為），獲得品嚐甜食的快感（回饋）。哇！這實在太美味了，再吃一塊吧。只要愈頻繁地進行某種習慣迴路，就愈容易讓人不自覺地重複同樣行為。

大多數討論習慣的書籍都會提到各種不同的觸發、行為和回饋等習慣迴路話題。我們從好奇的角度去看習慣迴路的結果會有些不同。這種習慣迴路如圖2-1。

提示是習慣的開端，接著有所行動，而所得到的就是結果。想要改變自己的習慣就必須抱持好奇的態度看待每個環節，特別要留意結果。

一個讓人感到驚喜的好結果會讓多巴胺濃度大量上升，使人希望該事件能再次發生。住家附近新開了一間越南料理餐廳，第一次光顧時我點了一份春捲。當這道菜上桌時，我咬了

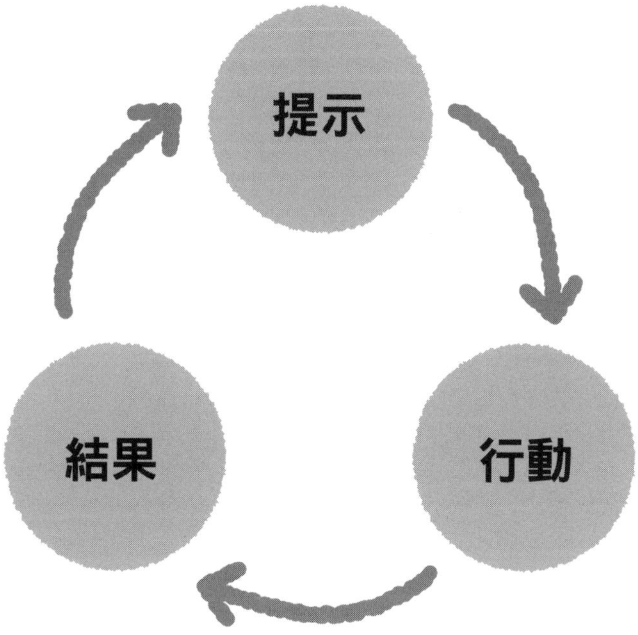

圖2-1 提示、行動、結果

一口，感到驚為天人。春捲內餡包裹著如同奶油般滑順，又香又辣的泰式紅咖哩雞，美好的滋味遠超過我的預期。瞬間腦中的多巴胺大量湧現，對我說：「你一定要記住是在什麼地方吃到這種裡頭包滿著喜悅的圓柱形東西。一定要再來吃。」此後如果我和太太想外出吃晚餐，這間越南餐廳絕對在名單中。我非常樂意再吃一次紅咖哩春捲。

習慣的養成和獎勵有關。我們都知道情緒策動著記憶，我們會記住不好的事情同時避免憾事再度發生。相反的，過去曾經美好的事物所留下的回憶，會激起心中的渴望：「這種感覺真是超棒的，我們再來一次吧！」（想想看性、愛情、巧克力、勝利、冰啤酒和紅咖哩春捲）。我們的大腦會將過往經驗的記憶進行比較分析。你比較喜歡冰淇淋還是花椰菜？相信大多數人都會不假思索地做出選擇。只有少數患有乳糖不耐的素食者會選擇花椰菜吧。我們的大腦十分擅長預測未來的獎賞。萬一判斷錯誤，將會永生難忘。

提示，不是觸發

當扣下槍枝的扳機，你沒有辦法控制子彈飛行的方向。「觸發」這個詞的後頭多半會帶出焦慮、爭辯或攻擊等負面情緒。多半是我們無法控制、選擇或自制的反應。所以如果某件事觸發出某種行為，結果大多不是人們能夠掌握，只能任憑事件自行發展。

然而「提示」這個詞就不同，它保留了很大的好奇空間。

一旦對於自己的感受、想法或做法產生好奇心，我們的選擇層面就提升至海鞘模式之上。人類大腦的前額葉皮質是演化下最新最強的產物，它是負責計畫和預測的中樞，好奇心的產生不能沒有它。**好奇心擴展了我們的視野，幫助我們所做的抉擇能符合自己的長程目標，而不像海鞘只會被眼前短暫的利益吸引。只要我們能用好奇的態度檢視自己如何感受及思考，就能得到提示，接下來的行為就能夠在自己的掌握中。**

當我經營「重新設定壓力」工作室時，花了很多時間和客戶們討論觸發這件事，特別是造成焦慮的觸發問題。我請每個人用好奇的態度，留意每當感到壓力或焦慮時，身體最先出現的感覺是什麼。得到的答案五花八門，但是有非常多人覺得胃的地方不舒服，彷彿被打了一個結。有些人的心跳速度會上升，或者覺得胸口緊緊的。其中一名有趣的焦慮小伙子發現，只要自己一緊張就會滿頭大汗。

一旦出現壓力或焦慮的情緒，認知身體的感受是自我覺察最重要的第一件工作。如果沒有好奇心介入，任憑身體的感受觸發其他行為，下場可能非常不堪，我將它稱為「舊腦袋狗屎風暴」。那是一種戰鬥或逃跑系統把問題不斷地放大，自己嚇自己的結果。覺得胃的地方打結，接著心跳速度開始上升，觸發杏仁核這個恐懼中樞警報聲大響。腦袋中的理智部分斷線，再也不可能想出什麼理性或聰明的應對方法。很有意思吧！

如果能改變想法，**把原先「觸發焦慮」變成「提示自己保持好奇」，就能提供更大的空間檢視自己可以有哪些選項，並從中挑選出最有幫助的習慣迴路**。這麼做的時候，你已經跳離自己預設的舊迴路，進入慎思後的新迴路。一旦進入新迴路的次數夠多，新的神經網絡就會更加茁壯，成為日後你預設的優先習慣迴路。與此同時，因為不再使用舊習慣迴路，就像長時間沒有人踩踏的路徑一般，漸漸地埋沒在蔓草之中，變得不再明顯。一旦得到這樣的發展，你就獲得我所稱的「無意念控制」。不再是把沉重巨石推上陡峭山頂的薛西弗斯、你已經改掉一個奇怪的習慣，建立起新的，有實際幫助的預設習慣迴路。

🌐 你最近為我做了什麼？

研究焦慮、成癮和習慣的專家賈德森·布魯爾博士藉由正念冥想，認識獎勵為基礎的學習過程及習慣迴路的養成，幫助人們減少焦慮感、戒菸，以及改變飲食方法。他的「渴望戒菸」應用程式改變了人們對於戒菸的看法。讓人們抱持好奇的心態面對自己為何要吸菸，以及什麼事觸發吸菸的衝動，賈德森博士幫助人們認清自己想吸菸的真正緣由。換句話說，他讓吸菸者找出所有的提示線索。有人利用該程式發現自己抽菸的原因是想去除咖啡的苦味；另一人發現只要自己講電話時就會不自覺開始抽菸。

可以很簡單地告訴想戒菸者「別再喝咖啡了」，或者「下次講電話時，倒一杯水喝」。但是賈德森博士發現這種方法只不過是從一種循環跳入另一種循環中，成功的機會十分受限。人們需要另一種策略。

如果能了解提示吸菸行為的原因，效果就不相同。造就這樣改變的祕密就在於好奇心。「從中我到底得到了什麼？」賈德森博士讓人們知道領悟是關鍵。只要能對該行為導致的結果產生領悟，就有機會改變原本的習慣迴路。

當你對於某件事的感覺、想法或作為不再像過去一樣有幫助時，它就已經變成奇怪的習慣。從吸菸這種習慣中得到領悟並不是太困難的事。有一名想戒菸的成員是這樣描述菸味的：「它聞起來像是酸臭的乳酪，嚐起來像是化學物質，噁心極了！」產生領悟就是這麼一回事。不過和菸味相比，一些不希望的想法或感覺就比較難以覺悟及改變了（稍後會有更多的討論）。

當某項行為產生的結果與人們的預期有所不同，就是心理學家說的「酬賞預測誤差」。

藉由意識和好奇心，我們能燃起想要改變的欲望。但是如果不覺得該習慣很糟糕，無法產生覺悟，就不會產生好奇的提示去改變它。

先前吃到的紅咖哩春捲讓我產生了正向酬賞預測誤差，它的美味遠超過我所預期，因此改變我選擇餐廳的習慣。

負面的酬賞預測誤差也會改變人們的習慣，但是它們需要更大的意識和領悟才能辨得到。特別是改變積習已久，根深柢固的習慣更為困難。

大衛・尼爾（David Neal）以及南加州大學的習慣大師溫蒂・伍德（Wendy Wood）曾招募一些電影愛好者，請他們到電影院觀看一系列短片，並且為它們評分。他們被告知自己所給予的評價非常重要，為了感謝所有人的參與，主辦單位將提供免費的爆米花以表謝意。其中一半的參與者拿到的是新鮮奶油爆米花，另一半則拿到擺放一週已經走味軟化的爆米花。不少參與者形容後者很噁心，像是廚房裡的海綿菜瓜布一樣，但還是有不少人把它吃掉。研究人員收集了資料，並且量測有多少新鮮及走味的爆米花被吃掉。他們所發現的結果能解釋許多關於習慣、無意識之下的行為以及獎勵等事項。

習慣在看電影時吃爆米花的人，其實吃下肚的走味爆米花和新鮮爆米花的比例可能差不多，因為吃爆米花是他們看電影時的習慣動作，所以無論好吃或難吃，並不會影響他們的行為。頂多有人問起爆米花的滋味如何時，會回答難吃極了。但最終還是會繼續吃。

然而那些在看電影時並不是非吃爆米花不可的人，只會選擇把新鮮可口的爆米花吃掉，擺放很久的不新鮮爆米花則原封不動地留下。沒有建立起吃爆米花習慣的人，當吃到走味的食品時，會發現負面的酬賞預測誤差，因而拒絕那些免費的點心。

一旦養成習慣，人們就會不自覺地進行該行為，即使得不到任何獎勵回饋。積習難改的行為就會成為「不變量獎勵」，如果看電影必吃爆米花已經成為預設的習慣，那麼就算得不到香脆美味的奶油爆米花當獎勵又何妨。

🌐 如果真的想做出改變

研究人員後續又做了另一個實驗，他們找了一些人到實驗室中幫忙評估音樂影片的品質，並提供免費的爆米花以示感謝。這一次就算是超級爆米花愛好者也不會碰那些又黏又軟的爆米花，只有新鮮的爆米花受人青睞。**因為換環境改變了所給予的提示，不自覺的行為被打斷而減弱舊習慣的強度**。關掉了自動駕駛模式，意識開始覺醒，這時難吃的爆米花就被參與者發現了。許多習慣都具有情境關聯性，**在特定時間或特定地點獲得提示，啓動了習慣迴**

路，接下來的行為就自然而然發生。

我是酥皮肉派迷。當我還是個孩子時，每次踢完足球，父親就會帶我去吃酥皮肉派。內餡肉塊鮮甜多汁，外皮酥脆，一口咬下，真的是人間一大享受。因為它帶給我太多美好的回憶，踢足球加上老爸的陪伴，酥皮肉派就成了最高級獎賞的代表作。對我來說，它符合每一項獎勵原始人的標準：安全感、美味、高熱量，還有濃濃的懷舊情感，很容易就成為值得不斷重複的習慣。

只有一個小問題：它不愛我。吃完肉派會讓我胸口灼熱，胃也很難受。吃的時候很享受，但稍後就要付出代價（除了胸口不舒服外，褲子也愈來愈緊）。在我美好的記憶中，它所帶來的酬賞預測是美味可口，飽足感十足。然而實際吃完的結果卻是內疚加上胃痛。

讓自己不要陷入迷戀而保持醒悟，用好奇的態度仔細觀察預期得到的獎勵與實際結果的差異，是改變習慣的關鍵。如果真的想做出改變，那麼就必須注意期盼和實際有什麼不同。

（參考圖2－2）

如果有吸菸或者喜歡吃會導致胸口灼熱的肉派等習慣，很容易就能清楚看出結果不如預期般美好。然而一些奇怪的習慣，尤其是和焦慮、感覺、思考模式相關的習慣，其中差異就十分細微模糊。我們在書中稍後的章節會進一步討論它們。

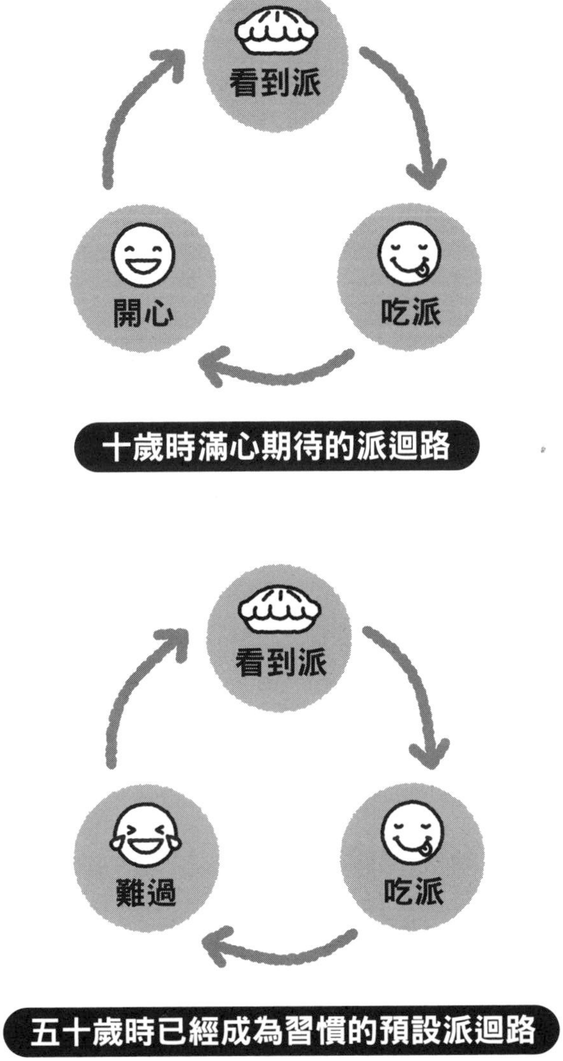

圖2-2 期盼的獎勵與實際結果

無限的迴路及潮汐習慣

每當提到習慣，大多數人腦海裡第一個想到的多半是飲食或運動。「只要我能改變飲食習慣，就可以減輕五點四公斤，之後一切都會變得很美好」。**殊不知任何習慣都不是單獨運作，它們就像是碗裡的義大利麵一樣，彼此纏繞相互影響**。

有五大因子對於我們的健康和意志有很大的影響，而每一個因子又和其他四項相互影響。它們分別是：

一、食物
二、情緒
三、行動（運動）
四、休息
五、壓力（它位於其他四項因子循環路徑的交叉中心）。

它們彼此影響的模式如圖2-3。

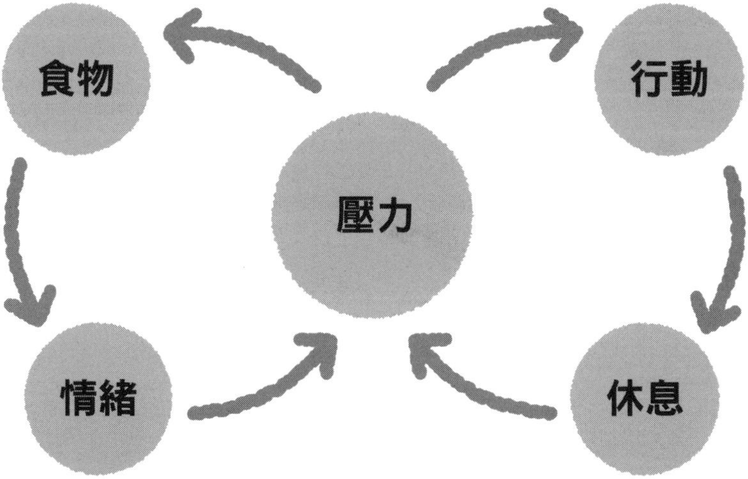

圖2-3 健康的無限迴路

只要有任何事情干擾了食物、情緒、睡眠或運動的其中任一項，其他因子很快地也會偏離軌道。

每個人都有個壓力儲存桶，能夠暫時存放有限量的壓力，免得它干擾我們表現出最正常的自己。前陣子我動了肩部手術（沒辦法，人老了），伴隨而來的疼痛、睡不好、不能運動讓我變得脾氣易怒，精神緊張。我需要找些解決辦法好讓自己感到舒服一些。我無法專心，所以不能閱讀；動不了，所以不能運動。巧克力是唯一能讓心情好一點的東西，但是這個方法也不可行，隨著腰圍愈來愈粗，吃巧克力會帶來罪惡感，無疑又朝壓力桶扔進另一塊石頭。

哈利・魏辛格醫師（Harry Weisinger）經營一個「我的表現醫生」的醫療診所，藉由健康監控、飲食、營養補給品、行為矯治以及運動等方法，幫助運動員或者像我一樣的普通人保持良好的體態，以便能有最佳表現。哈利醫師認為在改變的過程中，每個人最多只能選擇兩個標的。例如健康和學習；人際關係和健身；飲食及家庭。醫師形容那就像是一台雙卡帶錄音機，如果想放進新的卡帶，就必須先取出舊帶子。而且即使有兩個卡帶槽，一次也只能播放一個卡帶的聲音。

我把哈利醫師的理論告訴認知神經科學家米克・柴爾柯博士（Mick Zeljko）（他是我

第一本書的共同作者），他完全認同。米克指出注意力就像是聚光燈，人們需要致力在控制認知上，好幫助新習慣養成。必須聚焦在新習慣所涵蓋的各個環節，如此才能促成改變發生。米克建議最好能找出且專注在他所謂的「潮汐習慣」上。

所謂「**水漲船高**」，一人得道，雞犬升天。

在我和米克分享健康習慣的無限迴路後，他問了我一個簡單的問題：「在這些因子中，有沒有那一項是只要搞定它，就能幫助解決其他的問題？」雖然它們都會相互影響，但是對大多數人來說，其中的確會有一個是影響力最大的切入點。

對我來說在無限迴路的五件事裡，運動的需求就是我的潮汐習慣。每天早晨我至少都會運動一小時。我習慣在四點到五點之間起床，之後花一小時寫作，接著騎上飛輪健身車，一邊閱讀電子書一邊汗流浹背地瘋狂踩踏。運動時，我的食物、情緒和休息等因子安穩地待在原本軌道上，而我有足夠的能力處理任何帶來壓力的事件。

這也解釋了當我的肩膀動完手術後，因為不能運動，無限迴路中的其他事情一併受到影響。是該做些改變的時候了。

我決定把健身車搬到舉重槓鈴架的中間，如此一來我就可以扶著架桿直立地騎車，不用擔心因為身體往前傾而傷害了手術後的肩膀。我又拿了一個樂譜架放置電子書，這樣就可以在騎車時繼續閱讀。那一瞬間，我所有的習慣隨著潮汐而起，因為我又能運動了。我的心情變好，不再需要靠巧克力來安撫，壓力桶裡少了塊石頭。調整了一下枕頭的放置位置，我又可以好好睡覺。只是一個運動習慣對我的生活就能造成巨大影響，解決了它，大家都跟著水漲船高。

無限迴路的因子中，絕對不能輕忽休息的重要性。睡眠能幫助大腦淨化自己，排除不需要的廢棄物。晚上好好睡個覺能改善心情，也能增加意志力。如果睡眠帶來的好處能做成小藥丸，那麼藥廠肯定會發大財。有些人寧願犧牲寶貴的睡眠時間，去做其他不怎麼重要的事，這還真是個奇怪的習慣啊。

有一個心理學名詞叫做「報復性睡眠拖延症」，形容寧可犧牲睡眠時間去進行其他娛樂性質的活動。深夜了還不睡覺，抱著一大袋巧克力零食追劇，或者手指停不下來地點選抖音影片，對於我們無限迴路中的任何一項都沒有益處。如果某人一整天的時間都找不到自由或可以放輕鬆的時間，就可能出現報復性熬夜以便找些樂子。對於那些工作壓力極大，一整天都在忙碌的人來說，報復性熬夜是唯一能擠出一點時間，享受即時又短暫的快樂時光。雖然他們明明知道這麼做會導致睡眠不足，拖垮無限迴路中其他事項。

有一個簡單的方法可以終止報復性睡眠拖延症，只要將生活重新規劃：**前一天晚上就開始一天的生活**。

如果在早上起床之前的八小時就開始一天的日子，就比較不會為了多看一集《摩登家庭》而遲遲不願上床。晨間的靜謐時光對我來說是一種享受，所以不可能拿它跟深夜的喜劇影集交換。

抱持好奇的態度，**找出自己的潮汐習慣十分重要**。也許它是睡眠；也許是食物。當壓力太大或情緒崩潰時可能會破壞這些習慣，進而使其他習慣也受影響。潮汐自然有起有落，因此我們也需要認識有哪些原因會讓所有船隻都跟著下降。好奇心能幫助我們找出自己的潮汐習慣，只要找到它，其他事物的問題就可一併改善。

練習題

讓我們保有好奇心

- 找出預設的習慣迴路，觀察它們是如何影響你。
- 哪些事會觸發行為？有沒有辦法將它們轉變為提示，幫助你保持好奇心？
- 你的潮汐習慣是什麼？

【第3章】

⊹謹慎地檢視預設習慣

瘋子就是不斷地重複同樣的事情，卻期望會出現不同的結果。

——阿爾伯特・愛因斯坦

懷有六個月身孕的克莉絲蒂這陣子就住在車裡。她開著一輛韓國現代三門小車，帶著坐在嬰兒座椅的一歲兒子奧斯卡，從澳大利亞謝帕頓維多利亞鎮千里迢迢地開往黃金海岸。這樣的生活對他們來說絕對不是長久之計，勢必要做出改變。

她目前的狀況可說正處於狗屎風暴中。先前居住的小鎮已經被毒品攻陷，身旁所有朋友都在吸毒，其中更有不少人已經成癮。她想擺脫那一切，重新掌控自己的人生，竭盡所能為自己和小奧斯卡謀求更好的生活。當住在黃金海岸的表姐告訴她可以搬過來同住時，無疑讓克莉絲蒂燃起一線希望。離開有暴力傾向的男友，離開充滿毒品誘惑的小鎮，這將是她正在發展中的家庭重新開始的好機會。

週五接近傍晚時她終於抵達表姐所住的公寓，盤纏花盡又滿身疲累的母子兩人，迫不及待地想好好沖洗一下，洗掉一千二百公里路累積下來的塵埃，然後展開美好的新人生。沒想到迎接她的不是盼望中的美夢，而是心碎的消息。表姐在兩天前過世了。公寓裡的其他人並不歡迎克莉絲蒂，她在黃金海岸又沒半個熟人，這下子原本就夠糟的生活變得更加悲慘。

幾天後的週二早晨，我在擔任志工的慈善施食所遇到了克莉絲蒂。整個早餐時間我們都在談話，她堅決遠離毒品的勇氣和意志力讓我感到敬佩。她希望能給兒子一個良好的成長環境，長大成為讓母親感到驕傲的人。來自蘇格蘭的她具有一種蘇格蘭式的堅忍韌性。對克莉絲蒂來說，她要竭盡全力不讓毒品汙染人生，不惜付出一切代價。即使接下來的日子她都必須孤寂地睡在車裡也不會放棄。

克莉絲蒂的故事值得作為大家學習的教材。

第一章時我們曾經討論過成癮這個奇怪的習慣。就算後續發展愈來愈糟糕，但是上癮的人仍執迷不悟。吸毒的習慣毀掉了克莉絲蒂過去的人生，比起吃到不新鮮的走味爆米花，或者和讓人感到胸口灼熱的肉派相比，她的案例在程度上更加悲慘，不過這些事情在本質上是相同的。要想做出改變，克莉絲蒂需要走出自己原本預設的習慣迴路，重新建立一個有助益的新習慣。

從第二章的爆米花實驗中，我們知道改變環境可以帶來改變習慣的提示。這樣的變化讓我們有更大的空間，**用好奇的態度檢視自己的習慣究竟會帶來怎樣的結果，同時對該結果產生領悟**。從原本的電影院換成實驗室，能讓習慣吃爆米花的觀眾發現自己討厭不新鮮的走味點心。對克莉絲蒂來說，謝帕頓有太多人、太多環境讓她想到毒品。搬離那個地方，來到新的城鎮能幫助她揮別預設的舊習慣迴路，重新設定一個經過思考選擇後的新習慣。

華頓商學院教授，也是行為改變專家的凱蒂・米爾克曼（Katy Milkman），是一位研究商場上行為改變的經濟學家。她創造了一個新名詞：「**新起點效應**」。無論是新的一年的首日，特殊意義的生日，每個月或每週的第一天都可以作為重新開始的新起點。其實新年新希望長期以來的名聲都不好，根據二〇〇七年的一份調查，所有在新年訂下的新計畫中，有三分之一到了二月一日就被人放棄了。不過米爾克曼反駁了這個觀點，在她的研究中，有二成在年初設下的目標最後都成功了。

在《零阻力改變》一書中，米爾克曼列舉出一些策略來幫助改變。她指出人們的問題在於「總是想找尋一種能快速取得勝利的解決方案，卻忽略了其實自己才是自己的敵手」。根據米爾克曼的看法，我們首先要找出自己可能失敗的地方，再量身打造地訂定策略。如同孫子所說：「知己知彼」，藉由認清自己的弱點，就能避免一而再，再而三地犯同樣錯誤。

動機及銷售作家丹尼爾・品克（Daniel Pink）介紹了一種「事前驗屍」的觀念。大家都知道如果某人不幸掛了，驗屍官會從頭到腳仔細地檢查死者，找出致死的確切原因，這叫驗屍。而事前驗屍則是事先找出可能出錯的問題所在，幫助你預做準備，以避免憾事發生。即使不知道這個名詞，克莉絲蒂也確實做到事前驗屍，為避免自己被毒癮毀了一生，她搬離原來的生活環境，準備開始新的人生。

一份一九九四年的研究顯示，如果人們想讓生活變得更有意義，那麼搬家能讓成功的機會大增。百分之三十六的人在搬離原本住所後，生活有了明顯的改變。克莉絲蒂決心搬離原本的居住環境，遠離毒品的誘惑，她衷心期盼自己小小的家庭能有所改變。最終藉由政府部門以及慈善機構的協助，我們替克莉絲蒂和奧斯卡找到一個棲身住所，充滿希望的新人生就此出發。

🌐 行動會給你答案

當打算用好奇的態度改變自己的習慣，換個環境以及隨之而來的提示或觸發，能讓你有個很好的開始。去除無益的觸發因素而植入有幫助的提示，一定能幫助建立新的習慣迴路。

但是光說不練無法成就任何事，為了將原本預設的習慣迴路變成深思熟慮後的新迴路，我們一定得起身行動。

二〇一四年的二月，一場工會大罷工行動導致倫敦地鐵整個停擺。數百萬名通勤族需要另尋方法前往工作地點。接下來的四十八小時，英國首都所有交通系統全都陷入一團混亂。人類是習慣的動物。這些通勤族已經習慣了每天搭乘同一班列車，行駛同一條路線的往返行為。突如其來的罷工行動打亂原本的生活模式，通勤族需要想出替代方案才能正常上下班。

來自劍橋大學和牛津大學的經濟學家觀察發生罷工事件的前、中、後時期人們的通勤模式，發現一些有趣的地方。原以為在地鐵恢復正常載運後，人們會回復原本的通勤習慣，卻發現並非所有人都這麼做。

大約有百分之五的通勤族在地鐵恢復運作後，仍然選擇以先前罷工時期發現的新交通方法往返工作及住家地點。原先已經養成的長期交通習慣，因為突如其來的干擾而發生改變，讓這些人找到更新、更好的通勤方法。

實際行動讓通勤族找到解答。被迫改變原本的習慣，讓地鐵通勤者必須找到其他替代方法。而好奇的態度讓他們評估新舊方法間的優劣，並重新做出選擇。當發現搭乘巴士，甚至騎單車也能到達目的地時，他們的大腦很快地選擇出更有利的交通工具。

⊕ 慎思自己的預設迴路

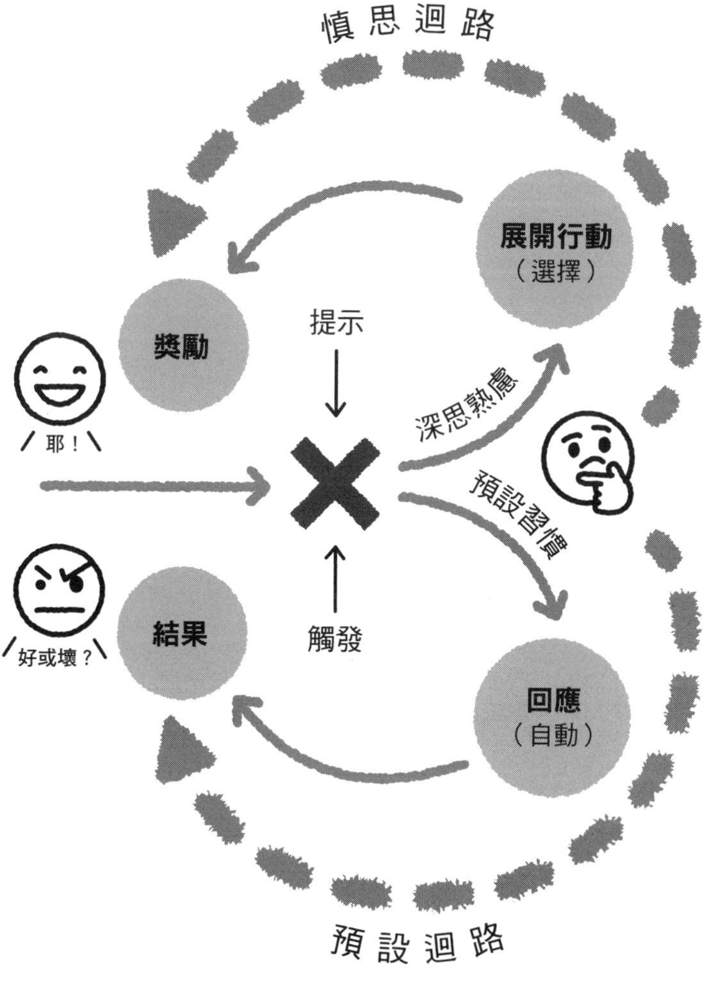

圖3-1　從預設迴路轉變成慎思迴路

⊕ 習慣轉換SWAP

習慣轉換是一個將原本預設的習慣迴路轉換成慎思後新習慣迴路的簡單方法。只要我們保持好奇心，就能發現其他可行的選擇。一旦熟悉了SWAP的運作方法，就能用蘋果取代巧克力；用接納取代挑釁；興奮取代焦慮。注意到所有提示，保持好奇並且有所領悟，並且選擇能輕鬆改變習慣的有幫助迴路。

習慣轉換包含了四片拼圖，SWAP的每個字母代表一個詞，你需要：

一、做出**選擇**（**Selective**）

二、聰明地運用**意志力**（**Willpower**）

三、養成**察覺力**（**Awareness**）

四、**堅持**下去（**Persistent**）

圖3-2　習慣轉換

做出選擇

羅馬哲學家塞內卡（Seneca）說過：「如果連自己要航向哪個港口都不清楚，那麼無論吹什麼風都不會滿意。」

想改變自己奇怪習慣最重要的第一步，就是找出已經沒有幫助的習慣。想解決問題必須先知道問題是什麼。一旦對舊習慣有所領悟，才能用一個新習慣取代它。

在《原子習慣》一書中，詹姆斯・克利爾（James Clear）指出用以取代的新習慣一定要具備「顯而易見、有吸引力、輕而易舉以及令人滿足」等四個步驟。只要新習慣符合以上要求，就能替換掉一意孤行的奇怪舊習慣。

在第二章時曾經談到「提示」，藉由審慎地選擇後，我們可以設定一個新習慣。亞當是我的一名客戶，他是個電話從不離手的超級忙碌房地產經紀人。即使工作了一整天，下班回到家時手上的電話仍然放不下來。居家生活沒什麼品質可言，也為他的妻子和孩子們帶來很大壓力。然而亞當完全無感，絲毫沒發現情況變得愈來愈糟。直到有一天女兒就讀的學校舉辦「父親到校家長日」，當老師問道：「妳爸爸最喜歡做什麼事？」女兒的回答竟然是「講電話」。這句話無疑對可憐的亞當有如當頭棒喝，他才發現應該要改變講電話的習慣了。

我們在課堂上一起討論這件事，最終他決定建立一種在下班回家途中掛掉電話的新習慣。我們選擇在離家只剩五分鐘車程的一處明顯上坡路作為提示，好幫助他轉變為「爸爸模式」。這時他必須掛上電話，並且將來電轉成語音答覆：「我現在處於爸爸模式，明早將回覆您的來電。」接下來他就要好好調適情緒，以便在抵達家門時完全轉變成好父親。

為自己想養成的習慣找到一個明確的提示，以至於能朝著希望的目標展開行動。過去因為頻繁地被電話干擾，即使下班後仍心神不定，危及家庭生活。現在亞當選擇建立一個新習慣，讓他回到家時能專注地扮演好快樂的丈夫及父親角色。藉由適當的提示，開始行動，直到獲得想要的結果，這樣的新習慣幫助他成為家人眼中的好丈夫、好爸爸。回家途中到達上坡路段時就掛上電話，這樣的新習慣完全達到詹姆斯・克利爾提出的四個要求：「明顯、有吸引力、容易」。更別說當全心專注於家庭生活的亞當，看到一家人快樂幸福的模樣時，心裡有多麼「滿意」了。

建立新習慣的明智做法，最好能找到賈德森博士所說的「更大更好的選項」。**如果真心想改變舊習慣，更大更好的選項標的能讓你維持足夠的動機，不至於受到眼前短暫的利益所誘惑，始終能堅持在改變的道路上。**選擇更大更好的目標，強化了亞當改變的決心。

聰明地運用意志力

如果情緒及舊腦袋驅使行動，意志力得依靠新腦袋來抵抗舊有的預設習慣。

《不能光靠意志力》（Willpower Doesn't Work）的作者班傑明．哈迪博士（Benjamin Hardy）以及《輕鬆駕馭意志力》的作者凱莉．麥高尼格（Kelly McGonigal）在他們的書中解釋了為何意志力並非永遠管用。他們兩人都認同意志力就像肌肉一樣：愈常使用就會變得更強壯。但是萬一過度使用，反而會因為疲乏而變得虛弱。如果用伏地挺身來比喻，經過鍛鍊，人們可做的次數會愈來愈多。但是在未經訓練的情況下，一口氣要你做一百下伏地挺身，結局一定是灰頭土臉地趴在地上無法爬起。如同肌肉一樣，如果過度依賴意志力，特別是平時完全沒訓練的人，最終下場必將失敗。

麥高尼格是這麼形容意志力：「**我要、我不要、我希望，這三種力量由意志力統籌駕馭，幫助人們完成目標。**」

舉例來說：我每天都要運動；我不要被漢堡和巧克力控制人生；我希望身體健康健壯。

意志力由新腦袋負責運作，換句話說，它需要認知力來控制。

我曾在第一章時提到史丹佛大學的研究學者羅伯．薩波斯基，他指出就算某件應該去做的事十分困難，但新腦袋還是會驅使人們去完成它。下星期之前有項艱巨的任務需要被完成，雖然很不想面對它，但是我們的新腦袋會說：「雖然追劇比較輕鬆，但是我今天就要開始工作。」人們情緒性的舊腦袋喜歡洋芋片、巧克力，無法抗拒冰淇淋。但是傾向挑戰困難工作的新腦袋這時會說「今天我不要吃冰淇淋」，因為它記得你的長遠目標「我希望健康」。不斷地鍛鍊意志力肌肉，將能輕鬆地用蘋果取代冰淇淋。

這個系統看起來挺不錯的，但不幸的是，它也像肌肉一樣有可能失靈。當壓力、過勞、做了太多的決定而導致決策疲乏，或者有太多想做的事，都會削減新腦袋讓人們堅持做困難但正確的事的意志力。一旦新腦袋離線，意志力肌肉掛點，人們就會向任何輕鬆簡單的事屈服。哈迪博士說：「基本上你的意志力就是能量儲藏室。一旦能量消耗殆盡，你就完蛋了。」

哈迪博士建議人們應該要規劃好身處的環境，以便讓想做的事變得較容易進行。這麼一來就能保留意志力需要的能量，以應付任何狀況。

馬克是我的一位朋友，他說自己的意志力每次只堅持十五秒。他非常愛吃巧克力，即使只是到加油站加個油，或者到商店買牛奶，離開時手裡一定順帶買了很多巧克力條。為了戒除這個習慣，他發明了「**十五秒意志力**」的方法。每當準備結帳，看到收銀台旁掛滿許多巧克力條（提示），他就會對自己說：「這十五秒內我充滿了堅定的意志力，我不會受到巧克力所誘惑（行動）」，最後瀟灑地離開店家，因為自己又一次戰勝巧克力惡魔而露出勝利的微笑（結果）。他的十五秒意志力的創意極佳，一方面不會消耗掉太多能量，同時也讓做出「我不要」的決定更容易。

必須留心意志力面對什麼樣的環境。哈迪博士說「**若想在消極的環境中保持積極，需要更大的意志力**」。在本書稍後會繼續討論要**如何用好奇的心態改變我們身處的環境**。

聰明地選擇意志力的戰場，滿足新腦袋的需求，可以幫助你堅持慎思後的習慣迴路。

養成察覺力

如果缺乏察覺力，人們不可能用好奇的心態看待習慣轉換。你的察覺力愈佳，做出的選擇就愈好。做出的選擇愈好，得到的結果就更棒。

有幾件事我們需要更加謹慎地去察覺，否則就像身處漆黑的環境中，尋找放在隔壁房間的寶物一樣困難。

第一件事是自身的感受——你的身體有什麼感覺。科學家們稱為「內省」，有意識地覺察自己身體的感受。不了解自身的感受，就可能錯失讓你產生好奇心的提示。覺得肚子裡好像有蝴蝶在飛可能代表感到緊張、恐懼或肚子餓。要知道，那些從不曾擔心會被老虎吃掉的原始穴居人，基本上毫無機會將他們的基因遺傳給後代子孫。感受是演化後留下來的結果，目的就是警告潛在的危險。如果不加以細心體會，可能會誤認為只是日常生活的常態。就像是住在機場附近的人，習慣之後就不再會留意飛機呼嘯而過的巨大聲響。無法察覺自己身體發出的提示訊息，就不會激發出新的想法或其他可能，自然而然只能固守原本預設的習慣。

察覺所有可能妨礙新習慣迴路養成的陷阱，是第二件重要的事。這時「事前驗屍」就能派上用場。預先檢視可能阻礙新習慣養成的事項，並做好防制措施好將不良影響減到最低。如果你知道和酒醉的叔叔談論政治會引發爭執，最後還可能破壞美好的聖誕氣氛，那麼事前驗屍工作可以讓你預先掌握可能發生的情況，與家人聚會時避免談論政治相關話題，以防止不愉快的事件發生。察覺可能出現的問題，防患於未然。

最後一件重要的事，察覺自己無法改變的事。我的身體長得很怪異，腳內八，大屁股，沒有胸肌也沒有下巴。圓肩，禿頭（髮際線就像節節敗退的騎兵一直往後腦勺退去，於是我乾脆把頭髮剃光）。左眼的肌肉萎縮，往右看時會出現複視（在九年級之前我都無法閱讀）。我的太太凱倫有天終於忍不住，連珠炮般地把所有缺點都脫口而出：「上帝之所以創造你，只因為祂想看看這樣怪異的組合到底是啥模樣。全世界再也找不出和你一樣的人了。」話雖如此，她還是很愛我。

我當然希望自己長得像克里斯・漢斯沃（雷神索爾）一樣帥，但儘管那麼多怪異的模樣集於一身，我還是很高興做我自己。**如果我用盡一生想改變我根本無法改變的事，就無暇用好奇的心態培養習慣。接納自己無法改變的事，讓我有更多能量用於能夠改變的事情上。**納撒尼爾・布蘭登（Nathaniel Branden）說得非常好：「**改變的第一步是覺醒，第二步是認同。**」

堅持下去

你想改變嗎？能做出承諾嗎？如果答案是肯定的，那麼必定少不了毅力。你需要多大的毅力呢？做出改變的承諾，堅持是祕訣。

所有偉大的英雄都能在艱困時堅持不懈。提到堅持，以下這些人立刻浮現在我的腦海中：第一位登上聖母峰的探險家艾德蒙・希拉瑞爵士（Edmund Hillary）；南極探險家恩斯特・薛克頓（Ernest Shackleton）；南非總統納爾遜・曼德拉（Nelson Mandela）；以及第二位美國高等法院的女性大法官露絲・貝德・金斯堡（Ruth Bader Ginsberg）。除了偉大的人類之外，還有許多雖然受挫但仍不斷前進的勵志電影，像是《星際大戰》《綠野仙蹤》或《海底總動員》。大家都喜歡英雄故事，即使是一尾橘白相間小魚的故事。

然而欣賞他人堅定不移的故事，和找出自己身上的堅韌個性是截然不同的事。心理學家，同時也曾榮獲被譽為「天才獎」的麥克阿瑟獎得主——安琪拉・達克沃斯（Angela Duckworth）在她的《恆毅力》一書中提到，創造卓越成就的關鍵不是天賦，而是恆毅力。她說：「天分重要，努力加倍重要。」即使人們有所覺悟以及有意志，少了堅持下去的毅力，什麼事都無法改變。

改變習慣絕非輕鬆愉快，我們必須具備毅力與決心，並且保有好奇豁達的心態，清晰的思路，讓改變的力量持續下去。亞伯拉罕・林肯曾說過一句偉大的名言：「確定你的立場是正確的，然後絕不動搖。」因為他的睿智與毅力，最終解放了奴隸制度。同樣的，毅力也能幫助你從狡詐的習慣中得到解放。

對提示產生好奇

史丹佛行為改變教授福格（BJ Fogg）被人稱作「百萬富翁製造機」。非常多來自矽谷的大人物都參與了他所主持的「說服科技實驗室」，而他的書《設計你的小習慣》也登上紐約時報暢銷書排行榜的名單中。福格教授可以說是當代的史金納。

我們已經了解習慣迴路運作的架構（提示、行動、結果），也知道對於獎勵的預期會影響行為。福格的小習慣模式能幫助人們在強化新的習慣迴路時去除壓力。

第一個步驟是**將新習慣「固定」在任何你已經在做的事物上**。如果希望不會忘了吃維他命，那麼不妨讓刷牙這件事成為提示的錨點：「每當我放下牙刷時，就要吞一顆小藥丸」。心理學家將它稱為**「習慣堆疊」**，是養成新習慣很好的開端。

第二步則是讓新習慣容易實現。如果想養成冥想的習慣，那麼一開始的目標只要做六十秒的腹式呼吸即可。如果想繼續進行也沒問題，不過在剛開始時簡單一點比較好。

接下來是讓我改變最大的步驟三：**為新習慣慶祝**。**每當我完成例行性的運動，都要用恭喜自己作為結束**。福格稱它為「陽光」，把它加入任何一種習慣迴路的結尾，能帶來更正向的情緒，使人願意繼續執行該習慣。

過去的我總習慣用巧克力餅乾和低卡無糖的百事可樂來化解壓力。忙碌了一整天，中間完全不休息（這又是另一種奇怪的習慣），最後導致累積的壓力值破表，讓人感到非常不舒服，情緒緊繃而且容易發脾氣。那時候的我不懂得用好奇心檢視自己的壓力及習慣，預設的習慣迴路就是巧克力和可樂。

吃吃喝喝能刺激身體「休息和消化」系統（副交感神經系統），能夠在短暫幾分鐘內得到安撫的效果。我希望自己的情緒能平靜些，別那麼躁動不安，於是海鞘模式啟動，不假思索地就沉溺在糖和咖啡因所帶來的歡愉之中。事實上這兩者就像在焦慮的大火中投入汽油滅火，接下來只會受到更狂烈的反撲。我想要的是平靜，但得到的卻是愈來愈粗的腰圍，以及糖和咖啡因再次引發的焦慮和緊張，從此惡性循環不止。

一位朋友得知我的情況，和我分享她從冥想中獲得的益處。聽完之後我譏諷地表示自己絕對辦不到。我曾經多次跟著網路影片練習引導式冥想，一個嬉皮模樣的傢伙坐在大石頭上，發出奇怪的低沉聲音，試圖要我想像自己處於一片寧靜的湖泊中。接下來等我意識到時，自己已經在那個湖泊中飆起水上摩托車，湖畔還有人在打高爾夫球。我真的不擅長冥想這種事。朋友接著建議每當我覺得有些焦躁時，試著做兩分鐘的腹式呼吸。嗯，兩分鐘對我來說應該還可以辦得到。

一陣子後我再度感到情緒即將崩潰，想起朋友的建議，於是直接躺在辦公室的地上，將注意力集中於腹式呼吸。這種方式比我想像中來得簡單，即使偶爾心思飄移，也可以立刻專注回到呼吸上。兩分鐘很快就結束了。等我站起來時，突然發覺原本緊張躁動不安的感覺居然全都消失，太令人驚訝了。我感到心情平靜，彷彿重新注入了能量，足以應付接下來的工作。下次有需要我一定會再這麼做。「陽光」！

每當感到心情浮躁，出現想吃餅乾和喝可樂的念頭，這就是要我暫停手邊工作的提示，仔細地想一下自己有哪些選擇項目。預設的舊習慣迴路是餅乾和可樂，而經過考量後建立的新習慣則是冥想。而且如同福格的建議，我的新習慣是容易做到的兩分鐘腹式呼吸，而不是六十分鐘的視覺化冥想。做完之後讓我感到心情平靜又有活力，而且新習慣不像垃圾食物會帶來罪惡感。為新習慣迴路的尾聲添加陽光，幾週過後我已經完全捨棄不健康的舊習慣，改由經過深思熟慮後建立的腹式呼吸新習慣取代。實際感受到它帶來的好處，之後一旦覺得壓力滿載需要紓解時，新習慣就是首選。

沒有任何人願意二〇一四年的地鐵罷工事件再次發生，但的確有一群人因此獲益。我不喜歡冥想，只希望能減緩緊迫和焦慮的情緒。以開放的心胸嘗試一些新事物，抱持好奇的態度檢視結果，能夠幫助改變舊有的預設習慣，讓經由思考後的好習慣成為新的預設習慣。

並非所有改變的嘗試都能奏效，或許你也不喜歡改搭公車或冥想，但是嘗試新事物並且好奇地等待結果，是改變舊有行為的最好方法。**行動會給你答案**。

練習題

讓我們保有好奇心

現在我們對於習慣的形成過程以及如何改變它們已經有更多了解，接下來讓我們用好奇的心態回答以下幾個問題：

- 有哪些話你明知沒有幫助，但仍繼續欺瞞自己？
- 有哪些事情你長期以來一直在做，但是已不具任何意義？
- 有哪些觸發能轉變為得到好奇心的提示？
- 你的十五秒鐘意志力能用在哪些事情上？
- 最近一次你犯了錯，然後得到思想上的升級是何時的事？
- 你想得到怎樣的結果？有哪些選項能讓你達成心願？

我們已經了解為什麼會有習慣，它們是如何形成，預設的舊習慣與深思熟慮後的新習慣迴路是什麼。我們認識了舊腦袋的神經路徑，讓不良事件的觸發轉變成有好奇心的提示。知道怎麼做才能揮別預設舊習慣迴路，將它改變成慎思後的新迴路。現在我們要一起來看看一些奇怪的習慣，以及怎麼做才能改變它們。

PART II

PART II

好奇心如何做到「逆習慣」？

【第4章】

保持自在

如果你一直待在舒適圈內，就會習以為常而變得無感。要學習享受不自在。

——大衛．哥金斯（David Goggins）

大衛．哥金斯不理會內心的小海鞘，使得自己的人生和健康得以脫胎換骨。擁抱不適並從中找到喜悅，將身體及心理狀態都推向極限，達到只有狂人才能實現的成就。

有幾分自虐，幾分變態，然而卻是不折不扣的戰士。他始終認為「苦難向來都是一項考驗，是人生最真實的考驗」。

他的書《我，刀槍不入》非常暢銷，已經讓數百萬人見證到，只要對於可能的事充滿好奇心，以及學習享受不自在，就能從中找到喜悅。

打從成長開始，哥金斯的日子就過得十分艱苦（在書中，他喜歡用第三人稱的角度叫自己為哥金斯，路克很喜歡這種稱謂）。

他粗暴的父親經營一間輪鞋溜冰場，因此全家人都被迫必須在那裡工作，經常做到三更半夜才能休息。課業與工作都需兼顧，加上經常看著父親用皮帶抽打母親（偶爾自己也會被抽打），這讓年幼的哥金斯每天都提心吊膽地過日子。因為嚴重睡眠不足，導致他常在課堂上打瞌睡，最後被校方威脅要將他退學，或者轉到特殊學校去。終於在九歲時，母親帶著他逃離那個可怕的家，搬到其他城鎮住。

沒有好好讀過幾天書的哥金斯幾乎是個文盲，靠著作弊終於從高中畢業，那時候的他連閱讀的能力都沒有。然而這個未能好好受教育，程度極低的年輕人居然想報考空軍。

二十三歲的哥金斯讓人完全無法想像和「地表最強悍的男人」有什麼關聯。空軍夢早已離他遠去，他的工作是害蟲清除員。因為憂鬱、自卑，再加上壓力導致暴飲暴食，他的體重一下子就爆增到一百三十五公斤。根據他自己的描述，那時候的他既肥胖、懶惰又可悲。

某次看到電視中海豹突擊隊的廣告，再度燃起他心中的雄心壯志。然而招募中心告知以他的身高來看，體重必須在九十一公斤以下才符合體檢最低門檻。如果真的想進入海豹突擊隊，那麼就得在不到三個月的時間裡，減掉四十幾公斤體重。

他接受了這個挑戰。

哥金斯需要好奇地檢視自己的多個習慣，其中最重要的一個是自己的舒適圈。在舒適圈裡逍遙自得地過生活，這項習慣很有意思，直到某天它不再管用為止。

成為海豹突擊隊的一分子是個更大更好的目標，它瞬間啟動了需要嚴守紀律的決心，自己的心智、身體以及靈魂都需要得到脫胎換骨的轉變。最終哥金斯真的瘦了下來，成功地進入海豹突擊隊開始接受訓練。

神經科學大師安德魯・休伯曼博士自創了一個名詞「**邊緣摩擦力**」，形容新腦袋在努力說服舊腦袋改變習慣時遇到的阻力。吃甜甜圈的邊緣摩擦力很低，對於喜歡它的人來說更是輕而易舉的小事。相反的，要一個體重一百五十公斤的胖子離開沙發，接著慢跑八公里就是極為艱難的事。想說服舊腦袋該事雖然不舒服但是很值得去做，讓懶惰的大屁股起身跑步談何容易。要知道，如果真的想改變舊有行為，舊腦袋需要受到情緒的刺激才能做出行動，你的新腦袋必須十分具有**說服力與好奇心**。

當改變舊習慣時出現了痛苦，哥金斯自有一套看似違反常理但異常有效的處理方法。面對困難的挑戰時，他找到能讓多巴胺助一臂之力的方法。他建議要「**擁抱痛苦**」，**不僅能苦中作樂，更能享受不自在。動用所有能夠運用的心靈工具，將已經不再有幫助的習慣全部轉換掉。**

⊕ 苦幹實幹

獲得好奇心是一件相當耗費精神的工作。它決定了你即將做的事，同時需要承受做那件事的過程中伴隨而來的痛苦。承諾做出改變一定比只是對它感興趣來得更加困難，而這是必經之路。看起來我好像準備開始喋喋不休地發表一些陳腔濫調，然而這些老生常談確實是真實的金玉良言。

佛教徒曾經說過這麼一句話（相傳是達賴喇嘛所說）：「**痛是難免，苦是甘願的。**」這是真的，為了改變習慣而需勞心勞力確實讓人感到痛苦：

- 拖著一百五十公斤的體重開始規律地運動，加上心情沮喪，令人感到痛苦。
- 為了追隨自己的熱情而放棄原本成功的事業，損失慘重。尤其感到自己轉行後並不成功時更慘。
- 面對心中的惡魔以及造成焦慮的不安全感，讓人感到害怕與痛苦。
- 在工作上別再當個雞毛蒜皮都要干涉的主管，放手讓同事自由發揮，很困難。
- 公司使用的電腦安裝了新系統，理應很酷，但此刻我恨透它了。

任何改變都會為精神上帶來某種程度的痛，但是因而感到緊張或者難受則是自找的。

當你正好處於建立新習慣的初期階段，經由深思熟慮後的新習慣迴路還沒有成熟到能完全取代舊迴路（圖4-1）。有一點像是在植物蔓生的沙丘上踩踏出一條新路徑，或者第一次開車。你需要耗費更多能量好集中注意力，控制自己的認知，高層次的思維引導，新腦袋說服舊腦袋等等。不管你想要怎麼稱呼這段過程，總之它們就是改變習慣時最辛苦的時刻。

當你正處於繁重工作的階段，多半需要付出更大的努力，卻得到更糟的結果。這時很容易讓人打退堂鼓，想要重返熟悉的舊習慣，繼續走那條阻力較小的路。在這個節骨眼你需要與內心深處的哥金斯聯繫。在《我，刀槍不入》中，哥金斯力勸讀者：「**不要讓你的身體或頭腦達到它們想要的目的，掌控權在你！**」

內心的海豹突擊隊正沙啞地對著你嘶吼：挑繁重的工作做，不要被你內心的小海豹左右了。重新調整你的習慣，好幫助你達到更大更好的目標。享受所有的小勝利，並且從挫敗中學習。

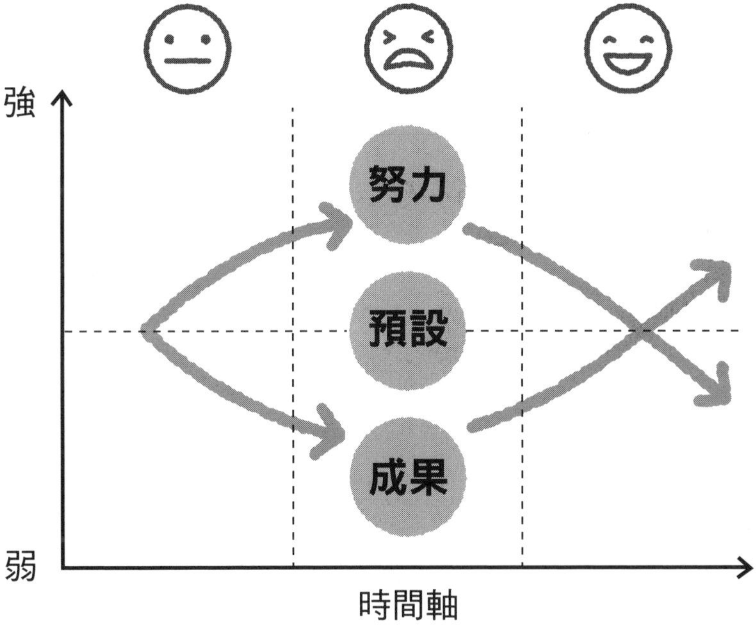

圖4-1 辛苦的工作

舒服並非快樂

我的朋友麥可・迪桑提經營一間教導惜福的工作室，他也出版了一本書，書名是《新人類崛起》（New Man Emerging）。他覺得無論時間長短，**讓自己處於舒適圈是一種奇怪的習慣**。他說：「**人們很少去思考為了活在自己的舒適圈裡，已經付出多少代價。最終卻發現我們的舒適圈並沒有真正讓人感到舒服自在。**」

大多數人都覺得舒服是件好事。如果舒服是你追尋的目標，那就去追尋吧。但是必須知道舒服並不是快樂，舒服並不是成就，不是心滿意足，不是成長或有意義的人生。舒服就只是舒服而已。而快樂、成就、滿足、成長或有意義的人生等所有其他事情，都在不舒服的那一端。

躺在沙發上連續追好幾集的《冰與火之歌：權力遊戲》的確很舒服，但如果想讓人生更充實更有意義，最好把電視關掉，別再沉迷於另一個世界的隱晦情色畫面中。從沙發上起來，去做點不怎麼舒服的事。**活著的感覺就是去感受不舒服，不停地成長，不斷地改變。不痛不癢無法讓人改變。**

大衛・哥金斯是逃脫舒適圈的大師。他投身於軍旅中的日子超過二十年，曾經在伊拉克和阿富汗服役。是目前美軍歷史上唯一完成海軍的海豹突擊隊（包含兩次地獄週訓練）、陸軍的遊騎兵和空軍的戰術空管三項精英訓練科目的人。

自從二〇一五年從部隊退伍後，他跑過超級馬拉松賽，完成了長距離單車賽，同時出版了關於自己的書。他幫助數百萬人得到好奇心，從原本預設的舒適迴路中走出來，邁向一個能蓬勃發展的新世界。

哥金斯將人類的不自在活出了藝術，他的習慣迴路走在少有人走的路上，讓一切事情變得不平凡。

🌐 後悔，我有好幾個

對你來說，下列哪一種想法會讓你感到更不自在：保持原樣，明年此時還是跟現在同樣的狀態？或者做些改變，離開自己的舒適圈，但有可能因而蒙羞或失敗？

三年前我發明了一張人體工學椅。每當我久坐了一整天後，背部就會非常痠痛。於是想到了一種能在坐姿時強化核心肌群的方法，那就是「水母椅」。其實它的構造很簡單，就是把一個半圓形的平衡球（想像一下，把普通的健身球切成一半就是那副模樣）放在凳子上。

這個創意真是棒極了，幫助我改善核心肌群，解決背部不適的問題。於是我心裡開始想：「每個人都需要一張這樣的椅子，光是在網路上銷售，就可以賣出數百萬張椅子。」我在亞馬遜報名了一個如何銷售產品的線上教學課程，接下來找到一間位於台灣的工廠。我向他們訂製了兩千張椅子，打算同時在澳大利亞及美國的亞馬遜電商販售。「全世界所有的辦公室都會出現水母椅的蹤影，它將會興起一場屁股坐在那裡的大革命！」

雖然我的想法不錯，可惜找到的那間工廠不講商業道德。雙方明明已經簽訂了保密協議，他們卻剽竊我的創意，把這張屬於我的椅子專屬權賣給一個位於美國的競爭對手。等到所有椅子上了貨櫃，和競爭對手另外簽訂專賣權合約的工廠拒絕把貨出到美國。最後我必須先把貨櫃運到中國，重新包裝後再另尋路徑運到美國的亞馬遜公司。

在這樣的過程中，有半數左右的平衡球已經洩氣，可想而知這項產品在亞馬遜的評價有多糟糕。每天我都得花上好幾個小時處理顧客的抱怨問題。這種感覺爛透了。

水母椅的事件可說徹底失敗。創意佳，執行過程極差。主要原因是我太相信別人，以為所有人都有良知道德。

朋友凱文給我一些很好的忠告：「假如你非吃屎不可，就大口地吞下吧。」如同肯尼・羅傑斯〈賭徒〉的歌詞：「你得知道何時叫牌，何時棄牌」。

我把剩下的庫存廉價出清，好停止損失。

在無法掌控全球物流狀況的條件下，去銷售一款獨特的全新產品，再遇到道德不佳的製造商，可想而知這壓力會有多大。我離開原本舒適圈的代價除了承受壓力外，還賠掉了幾千美金，這種芒刺在背的痛，就算有張舒服的椅子也無法抹除。

還會再幹一次這種傻事嗎？絕對他×的會！

損失的錢就當作繳學費吧，至少我嘗試過了，從這次經驗中也學習到很多事。從舒適圈走出來是件讓人興奮的事，更高興我有足夠的勇氣承受這一切。

當外在環境充滿不確定性、可怕或難以預測，我們的腦袋習慣走回頭路，回到原本熟悉的環境中。於是我們什麼都不做，什麼事都不去改變。**恐怖或失敗是真實的，它們讓人保持惰性。讓人不敢嘗試。**

為什麼我們會這麼害怕失敗呢？對大多數人來說，因為太在意別人會怎麼看待自己的失敗。其實別人愛怎麼想是他家的事，關你屁事呢？

根據我親身的經驗，以及擔任輔導員時從別人身上看到的表現，我注意到害怕失敗其實和你會怎麼看待自己有關。只要對於自我價值有極大的信念，某方面的失敗並不會改變你對自己的看法。失敗只不過是學習過程中的經驗。

要記得生活中的所有行為都出自於三項動機：避免痛苦、尋找快樂、節省能量（容易的路徑）。短期來看，待在熟悉的舊環境既安全又容易，已經符合上述動機中的兩項。安於現狀的問題在於，此刻的安全和容易，總是會變得枯燥無聊，同時讓未來的你後悔當初為什麼沒有放手一搏。

逃避改變帶來的緊迫有點像使用信用卡消費帶來的立即滿足感：現在覺得輕鬆容易，但未來還是得付出代價。也許你知道澳大利亞安寧照顧護士布朗妮‧維爾（Bronnie Ware），她發現老人們在生命即將結束前，感到最遺憾的五件事分別是：

一、我希望曾經追尋自己的理想和願望。
二、我希望我並沒有那麼努力工作。
三、我希望曾經有勇氣表達我的感受。
四、我希望跟我的朋友一直保持聯絡。
五、我希望可以讓自己更快樂。

人們列舉出一大堆奇怪的習慣。

而在名單中，感到後悔的第一件事就是安於現狀，不夠勇敢地全力付出。

勇於嘗試甚至失敗並沒那麼糟，也許當下覺得充滿壓力，但是會從中習得教訓，日子終究要繼續往前過。

我的全球辦公座椅大革命夢想沒能開花結果，但藉由這件事讓我更加確定自己是個有勇氣、敢放手一搏的人。在我臨終前，一點都不會因為水母椅而感到悔恨，頂多只會自嘲地訕笑幾聲吧。

練習題

讓我們保有好奇心

· 你正在逃避哪些辛苦的工作？
· 在你的人生中，哪個階段讓你感到不自在？
· 什麼事可能讓你因為裹足不前而感到後悔？

【第5章】

期盼完美

完美主義是夢想的殺手，它只是因為害怕而偽裝成盡力而為。

——馬斯丁・凱普（Mastin Kipp）

週六晚上九點半，桑瑪已早早回到家，裹著溫暖的毛毯，捧著一杯熱飲蜷縮在沙發角落。這是幾個月以來她第一次外出，但因為突然一陣胃痙攣發作，那種熟悉的感覺總在感到焦慮時湧現，接著內心的小海鞘就會促使她趕緊躲起來。雖然還不算是恐慌症發作，但也距離不遠了。

桑瑪向來表現出眾，打從孩提時代大家就誇讚她是個聰明優秀的孩子，而她也不負眾望地力求完美表現。九年級之前所有學科總是拿到滿級分，之後成績表現就有些不穩，偶爾還險些不及格。這讓她不禁開始擔心名列前茅的地位是否岌岌可危。原來天生聰穎也可能力有未逮，必須加倍努力才能保持好名聲。

和大多數青少年一樣，桑瑪也必須面對複雜的交友圈。身旁的好朋友走了一批又新來一批，得花心力維繫好人際關係。更重要的是，她還需要埋頭苦幹好讓自己的成績名次始終位於班級的前段位置，高中如此，上了大學也不能鬆懈。成績優秀的感覺真好，因此她的大腦告訴她：「咱們再試一次吧」，優秀的孩子，史金納一定會為妳感到驕傲。

我們已經知道，當內建的預設習慣已經無法讓感覺、想法或行為如同先前一樣有效時，它就變成一種奇怪的習慣。既然努力認真的習慣讓桑瑪如願以償地拿到好成績，工作上也有好表現，如此聰明的年輕女孩，怎麼會在週末晚上因為焦慮發作而急忙跑回家，拋下一群朋友而獨自躲在毛毯裡呢？

答案就在兩個相輔相成的原因中：期望和完美主義。兩者都可在桑瑪身上找到，而它們正好是造成焦慮的大怪獸。

期望衍生憎恨

和許多奇怪的習慣一樣，完美主義在剛開始的確很有幫助，它能讓人專注在微小細節上，想表現優異必不可缺，直到某天它不再管用為止。桑瑪已經發現期盼完美的結果，很快就成為一種沉重的負擔，最終也不見得能讓自己獲得圓融快樂的人生。

桑瑪喜歡讓所有事情都在自己掌控中，這為她帶來安全感，更何況所有事情都能如預期進展，內心的小海鞘平靜又放鬆。然而當和朋友一起外出遊玩時焦慮感就冒出來了。就像西方世界剛出社會的年輕人一樣，她的朋友們也喜歡開派對，狂歡豪飲，幹一些可笑的蠢事。而喝酒和一些脫序的行為讓桑瑪覺得情況失控，因而感到緊迫。朋友們的荒謬行徑啟動了戰鬥或逃跑系統，家裡的沙發對於愈來愈焦慮的桑瑪來說才是安全的地方。

對朋友表現的期望更讓情緒加速惡化，她希望朋友能檢點些，趕快停止發酒瘋的白痴行為，朋友卻覺得她反應過度。同一時間，朋友希望她能加入歡樂的行列，先乾幾杯粉紅伏特加調酒，再把看起來呆板的盤髮放下。朋友對自己的期望也是焦慮來源，更何況原本的髮型讓桑瑪覺得舒適自在。

有句老話叫做：「期望是預設的怨恨」，正好可以解釋桑瑪當下的情況。結合了朋友認為她太放不開，加上朋友的表現不如自己預期，種種不滿情緒匯聚，讓逐漸累積的壓力幾乎到達臨界點。這時內心的海鞘給她一個簡單安心的建議：「待在家裡不是頂好，這麼一來妳就不用面對這些愈來愈高漲的焦慮和怨恨了。」社交焦慮先生，你有沒有看到我的小被被呢？

我是桑瑪父母的好朋友，有天晚上桑瑪和我聊到了這些事，她說自己盡量避免這類會造成情緒緊繃的交際活動。聽完之後，我為她安排了一次輔導課程，下個星期我們會好好談談她所面對的問題。

找到卡洛斯

我很喜歡卡洛斯，我認為你也會喜歡他。我曾經花了很長的時間才真正了解他，有時候他有點讓人無法掌握，可是一旦找到他，一定會發現他是很棒的傢伙。

在我的輔導課程中，創造了一個很棒的技巧，名字就叫「找到卡洛斯」。用來幫助人們發覺自己最棒的人格特質，我將它稱為「身分目標」，代表著你期望自己成為什麼樣的人。身分目標包含了：

- **本質**：和外在的成就或價值無關，它發自於內在。
- **意圖**：經過深思熟慮後，刻意的行為。
- **永恆**：需要終生努力追求，永遠無法真正實現的目標，但即使已經九十歲，仍然會受到它的激勵。

卡洛斯就是更佳版本的自己。路克有些懶散，容易分心，不夠體貼，對於街道上的垃圾可能視而不見地一腳跨過；卡洛斯就不同了，他會撿起垃圾，丟到垃圾桶裡。他非常清楚哪些事情比較重要，清楚自己的身分目標。這正是我喜歡卡洛斯的原因。

我的身分目標是：**保持好奇心，有創造力，以及慷慨大方**。

如果能做到以上三點，我一定會像在泥巴中打滾的豬一樣快樂。這正是為何我開了一間能輔導他人的工作室，而且樂在其中的原因。它讓我的好奇心、創造力以及慷慨大方有表現的機會。

桑瑪在我的輔導下開始了「找到卡洛斯」的課程（你可以在lukemathers.com.au這個網站找到自我練習的方法），解開心中許多因為恐懼或擔心而打上的結。我們討論了在她求學時的壓力，以及為何期許自己必須表現優異等問題。她解釋了與同儕相互競爭所感到的壓力，朋友們的行為距離自己期望的正常表現甚遠所造成的不自在。她也明白到在交往多年的男朋友心中，自己的角色比較像母親而不是伴侶。以上種種事情都讓她的壓力桶無法承受更多，必須做出取捨。

最後當課程結束時，桑瑪清楚地明白自己真正想成為什麼樣的人，以及哪些習慣迴路需要改變。她列出了自己的身分目標：**勇敢、堅定，同時在慎思下做出承諾**。前兩項正構成桑瑪的基本人格。勇敢又堅定遺傳自她的母親，是天生就具有的特質。現在她需要努力的是發展在慎思下做出承諾。

第三章中我們曾討論過習慣轉換，其中第一步驟就是做出選擇：選擇一種新的習慣或行為，清楚掌握能得到期望中的回饋。選擇慎思後做出承諾，桑瑪更能清楚地認知自己想成為什麼樣的人，以及更好的她會是什麼模樣。

追尋幸福美滿人生的道路上，努力活出自己最佳一面的思維不僅健康更是基礎。而期望自己以及他人要表現出完美則是另外一回事。這世界上你最不想憎恨的人就是自己。在第一章我們曾說過，成癮會將原本為你帶來喜悅感的事物，逐漸縮減其範圍的一種發展，儘管結果已經變得不利，卻仍無法停止該行為。而完美主義正好符合上述兩項。

研究人類心靈脆弱及羞愧感的大師，休士頓大學社會工作研究院的布芮尼・布朗博士（Brené Brown）對完美主義做了這樣的定義：

「……一種自我毀滅以及成癮的思想系統，助長了這種原始想法：『如果我看似完美，生活過得完美，工作完美，每件事都進行得很完美，就能避免或減少因爲羞愧、被批評以及責難所帶來的痛苦感受。』」

所以根據布朗博士的看法，**完美主義是逃避負面情緒的方法。羞愧、被批評及被責難都讓人覺得不好受。但是只要我看起來完美，一般人也認為我很完美**，所有的襪子都很完美地摺放在抽屜裡頭，那麼就不會有人講我壞話了。布朗博士也形容完美主義有如舉著二十公噸重的盾牌，好防禦任何自己不想承受的想法及感覺。就和所有奇怪的習慣一樣，某些時候這面盾牌的確能提供保護，但隨著時間拉長，盾牌只會變得愈來愈沉重。

完美主義殺死好奇心。它會讓失敗或犯錯變成人格上的缺陷，讓人覺得自己一文不值。如果任何事都必須自我感覺良好，那麼沒有人願意嘗試新事物。誰知道新事物是否會讓人犯錯或失敗，摧毀自以為完美的信念。

經過幾星期的輔導課程，桑瑪決定斬斷已經過了保鮮期的男女情誼，重新獲得與朋友共處的歡樂。她學會放下盾牌，明白朋友們並不完美。更重要的是，無論多麼努力地經營自己的形象，或者多麼認真求學，她也不可能是完美的人。

桑瑪現今有了更多選擇，尤其在社交生活上。原本會觸發產生焦慮感的事，現在成為好奇心的提示。好奇心幫助她發覺自己勇敢、堅定以及慎思後做出承諾的那一面。

焦慮感是腦袋和身體所發出要保持注意力的提醒。慎思後的承諾幫助桑瑪重新確認每件事都沒問題。盡力做到最好是一種美德，桑瑪仍不改初衷，現在的她正為準備當一位醫生而努力讀書。和往常一樣，她勇敢又堅定。而新發現的慎思下承諾讓她不再期望凡事都要完美，取代壓力的是更多好奇心。做得好！桑瑪。

練　習　題

讓我們保有好奇心

因為期待完美而讓你停滯在什麼地方？

- 你希望得到什麼樣的人格特質？
- 請完成以下句子：做我自己真好，因為（　　　　　　　　）。

【第6章】

✣拖延——明天我再好好想想我的習慣

可以明天再做的事幹麼現在做？

——海綿寶寶

我有拖拖拉拉的奇怪習慣。不對，我們每個人都有拖延的奇怪習慣。在寫這本書時我曾經調查過一大群人，詢問他們有哪些奇怪的習慣，而拖延這個習慣幾乎每個人都會提到。每個人做事的方法不同，原因也不一樣，但相同的是都會拖延。有些人還會編出漂亮的故事來解釋自己的行為純屬合理。

拖延只是為了調節我們的情緒。如果某件事既會帶來壓力又很無聊，那麼拖延一段時間再進行，能夠換來立即的安慰，讓人感覺舒服些。是啊，那件事終究仍需被完成，不過那個是「未來的你」才需要煩惱的事。

依照工作性質的不同，拖延可以分為兩大類型：有期限性以及無期限性。

大家都有這樣的經驗，事情拖延了一段時間，但是看到日曆上圈起的期限日子即將到來時，突然會湧現出一股強大力量把事情搞定。提姆・厄本（Tim Urban）曾在TED發表一場演說，主題是「拖延大師的腦子在想什麼」，他形容每個人的腦袋裡都有一個恐慌怪獸：每當期限接近時，這個可怕怪獸就會甦醒，激發潛力好專注於工作上。恐慌怪獸會讓緊張的程度上升，逼使人趕快把事情辦妥。如果少了恐慌怪獸帶來的壓力，可能很多人都會永無止境地拖延下去。期限帶來壓力，策動我們展開行動。

我痛恨報稅，每年我都會對自己說，今年七月一日前我就會把所有資料都準備好。然而實際上每年快到報稅的時候，我還是急急忙忙地抱著殘缺不全的資料向會計師求助。如同班傑明・富蘭克林（Benjamin Franklin）所說：「世界上只有兩件事不可避免，死亡和報稅」。這兩件事我都不急著做。避免死亡並非奇怪的習慣，事實上在人類文明進化中它是謹慎又睿智的。拖拖拉拉地不肯收集相關收據或填好表格，這才是奇怪的習慣。我很討厭計算這些數字和填報表，文書作業無聊極了，而繳稅更是爛透了。總之，報稅這件事從頭到腳沒有半點地方讓人喜歡，因此內心的海鞘告訴我能閃一天是一天。

還記得嗎？**情緒會策動行為**。一旦掌控權落入內心的海鞘手中，人們就會做出避免痛苦，尋求歡樂，走阻力最少的路徑的抉擇。例如一想到報稅這類困難的事，它會讓人感到痛苦，所以我們就會避開它，尋找其他比較快樂的事做，例如，嗯……隨便啦，任何事都比報稅快樂。

與拖延者相反的是，有一種人總是超前部署。這類人絕對會在七月一日當天準時報稅，所有收支明細都仔細地整理好，更不用說抽屜裡的每雙襪子也都有條不紊地排列好。「我從不拖延」，將名單上的待辦事項一一劃掉能讓他們對生活感到滿足又喜悅。期限這個字對他們來說完全沒有意義，因為立刻把事情完成才能帶來快樂，他們討厭事情懸而未決。事實上，這仍然算是海鞘模式，只不過是另一種比較有效率的海鞘吧。

既然這些人會立即把事情完成，我們怎麼能稱他們也是拖延者呢？這時就要談一下沒有期限的拖延行為了。

以下就是幾種沒有期限的拖延例子：

- 計畫去澳洲旅遊的行程還沒實現。
- 打算邀約暗戀已久的女孩外出。
- 想完成一齣關於脫衣舞娘夢想成為芭蕾舞者的劇本。
- 想穿著豹紋緊身衣，在卡拉ＯＫ高歌〈I will survive〉。
- 準備發表自己設計的一系列狗項圈。

・瑜伽教室的計畫已經籌劃了五年。
・打算寫一本有關拖延的書。

我有一位朋友，她的父母多年來一直夢想能買輛露營車到處旅行。然而在事業和孫子們的牽絆下，這個夢想始終未能實現。最多就是參觀露營車展，或者在網路上觀看相關資訊和影片。**如果有什麼事你想做，就直接放手去做**。如果做不到，就別讓夢想像個吊在棍子前端的胡蘿蔔。任何人在某些事情上都可算是拖延者，重點是我們到底有沒有自覺，以及能否下定決心去實踐自己的夢想，或者根本上只是個沒有期限的拖延者而已。

少了期限的壓力，少了提姆．厄本所說的恐慌怪獸，有些事很容易就永無止境地拖延下去。

我們為何拖延，為何放棄？

十九世紀的德國哲學家亞瑟．叔本華（Arthur Schopenhauer）絕對不是一個以心情好、樂觀主義著名的人。先知卓見的他總是用悲觀的角度看待世界。他說：「**人生就像鐘擺一**

樣，在無聊和痛苦間擺動。」

我並不是那位已經過世的悲觀主義者的粉絲，但這句話的確觸動了我的心。

當我們專注在自己所擅長的工作上，時間似乎已變得無關緊要，那種全心投入的心馳神往感受非常美妙。

所以會發現咱們那位十九世紀的德國友人說的並沒有錯。如果從壓力的角度來衡量，無聊根本就沒什麼大不了，而痛苦又太超過。在這兩個極端之間，就是普羅大眾最常經歷的人生。

體內的壓力荷爾蒙能激使我們去做些什麼事，或者保護我們。簡而言之，如果缺乏足夠的壓力促使人們行動，那麼大家就會拖延。這就是叔本華所謂的無聊。

以上簡單地解釋了小小的壓力能幫助人們面對拖延這種奇怪的習慣。設定期限，對自己做出承諾，都是導入壓力好使自己採取行動的方法。

動機：當……的時候，我就會開始行動

對於那些原本就是你分內的工作，到底還要準備多久才願意面對？你知道的，就是那些能改變你的人生，讓世界變得更美好的工作。

恐懼、要求完美以及擔心自己名不副實等理由，都是滋長拖延習慣的原因。「等我準備得更充分一點時，就要著手改善世界的工作了」。

對著麥克風我可以侃侃而談，但是在鏡頭前就感到十分不自在。因為新冠肺炎疫情的影響，取消了很多上節目的機會。我明白如果想向全世界傳遞我的理念，就得靠錄製影片增加曝光機會。我買了很多設備，像是燈光、新的攝影機，甚至還買了轉換器好切換不同攝影機。計畫是這樣的，等我買齊所有設備，就要舉辦一場網路研討會。接下來幾個月內，我繼續收集裝備，卻一次都沒使用過它們。直到某天我終於決定網路研討會開播。觀眾的反應挺不錯，而實際用到的裝備居然不到原先設想中的一半。

這次經驗讓我知道：**做，就對了！嘗試，失敗，從中學習。在發現之前，你已經不自覺地打破惰性的枷鎖。很多時候我們需要享受不自在，面對自己恐懼的事。**

母鴨不會叫小鴨們列隊跟好，當牠開始往前走，小鴨們自然就一一跟上。行動會帶給你答案。

搞清楚自己到底要什麼，並做出更大更好的選擇，自然能迫使內心的海鞘跟著上路，水到渠成是讓你找到動機的關鍵。

人類就像一艘大船，若想使它轉向需要耗費很大的功夫。拖延只會讓大船保持同樣的航向。

有間製藥公司想說服他們的郵購客戶，將某知名廠牌的藥物更換成另一種學名用藥。藥品的成分完全相同，只不過換上不同包裝，而且更便宜。製藥公司必須得到客戶親筆簽名同意，於是他們寄出信函，告知客戶可以用更低廉的價格買到同樣作用的藥物。即使能夠省下更多錢，但只有百分之三的客戶簽名同意。換個品牌的藥，藥效一樣價格不到一半，卻只有百分之三的人願意改變。

製藥公司加大賭注，他們表示只要客戶同意變換，就再加贈一年分的免費藥物。結果只有一成的客戶願意改變。

公司決定改變策略，他們發出信函告訴客戶，除非回覆這封信函的問題，否則將停止供藥。問題如下：「你想使用同成分的學名藥，或者貴上兩倍的知名品牌藥？」

《誰說人是理性的》一書的作者，心理學家丹・艾瑞利（Dan Ariely）形容這種情況有如在道路前方設置一個T字路口。當人們到達這裡時，勢必做出決定，往左或往右？沒有辦法再繼續拖延。

一旦人們無法保持同樣方向，被迫需要做出明智的抉擇時，才比較容易改變。最後有八成的客戶選擇新學名藥，替自己以及藥廠省下許多錢。

在面對未知時，拖延的習慣能夠調節恐懼的情緒。在某件已經確定結局很糟的事情，和另一件結局未知，但可能帶來驚喜的事情中做選擇，人們多半會選擇前者。無論是考慮換新工作，是否該離開有暴力傾向的伴侶，參加新的健身課程，或者製作新的廣播節目，大家都習慣逃避不確定性伴隨而來的痛苦，害怕因為做出錯誤選擇而後悔。不幸的是，最終仍因為裹足不前而陷入相同的舊習之中。

鐘擺的另一端是什麼？叔本華所說的痛苦？

澳大利亞足球賽的傳奇教練約翰・甘迺迪曾經在一次總決賽的最後一節上場前，對比分暫時落後的球員們精神喊話：「**你們身體上的極限遠超過精神所能負荷的極限，所以當感到精疲力竭，覺得再也撐不下去時，記住，你們可以的！**」

從演化的觀點來看，甘迺迪的說法十分有道理。假設你是正奔跑於塞倫蓋提大草原上的原始人，你絕對會希望自己身體的極限強於精神極限。如果跑到昏倒，就可能成為某隻正好經過的懶惰劍齒虎的晚餐。演化的結果讓我們在感受痛苦的壓力時（或者壓力帶來的痛苦），早在身體無法動彈之前，意志上已經先投降了。這就是我們放棄的理由。（圖6－1）

史丹佛大學神經科學家安德魯・休伯曼博士對於人們為什麼放棄，以及怎麼做才能繼續這兩件事感到興趣。在觀察壓力荷爾蒙時，發現每天早晨它的濃度會增加，於是我們起床。

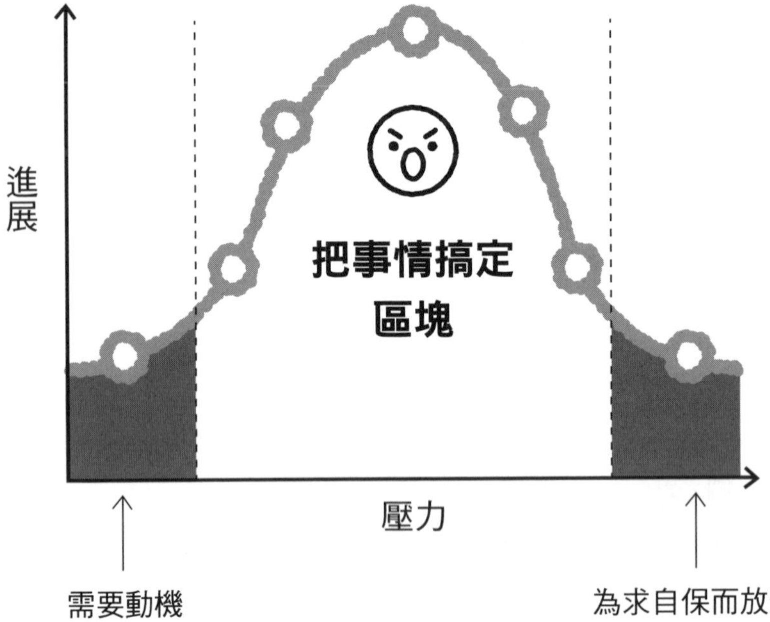

圖6-1　把事情搞定區塊

如果這件事沒有發生，那麼我們將永遠賴床不起（終極的拖延）。另一種情況就是當我們面對生活中困難的挑戰時，壓力荷爾蒙也會上升而讓人感到不舒服。一旦它上升太過，人們就會放棄。

為了增加人類的韌性，休伯曼博士認為需要徵召我們的獎勵系統——多巴胺。它是策動成長的荷爾蒙，能發揮中和壓力的作用。它降低壓力濃度，延後想要放棄的時間。設定較容易實現的小目標，並且在達標時予以慶祝鼓勵，能增加多巴胺的濃度。如此一來不僅降低了壓力，也使得人較不容易放棄。超級馬拉松選手稱之為「**薄片擷取**」你的目標。比賽時，不要想著終點線，而將目標先放在下一個路燈上即可。一旦達成目標，小小地慶祝鼓勵一下，接著繼續設定下一個小目標。休伯曼建議一個所謂DPO的系統：持續時間（Duration）、路徑（Path）、結果（Outcome）。設定好時間，決定計畫，最後得到想要的結果。**將每天的生活劃分成許多小目標，讓我們可以一一達標、慶祝，如此一來能幫助降低緊迫感**。日常生活若少了這些小勝利，很容易覺得所做的事徒勞無益，一旦覺得自己漫無目標，緊迫感就上升，想放棄的念頭因而興起。

想像壓力會占據油箱的空間，一旦油箱被它占滿，你就失去能量來源。為小勝利慶祝能增加油箱的容積，使你在充斥壓力的情況下仍保有前進的動力。

另一種幫助我們不要輕言放棄的方法是重新架構壓力帶來的不適感。享受不自在，保持好奇心。壓力是讓人保持專注力的記號點，不妨將它視為能強化韌性的好東西。找出目的，並且將壓力從原本的威脅重新塑造成挑戰，利用它來幫助我們完成目標。實際上重新架構壓力能將放棄的界線往外推，為我們爭取更大的空間。

⊕ 刻意拖延

如圖6-1所示，我們的目標位於動機線和保留線之間。

當覺得自己的腦袋快要爆炸時，你需要休息一下。這種經過考量後的拖延有其必要。想像你有個壓力桶，一旦桶中積滿壓力，再也無法承載更多時你就會放棄。所以當你開始覺得壓力大到快喘不過氣，腦袋打結無法繼續思考時，最好的處理方式就是設法倒掉一些壓力，讓壓力桶騰出一些空間。

散散步，到大自然中做運動，或者觀看一些輕鬆詼諧的影片。這些事情都能幫助你清除桶中部分的壓力，重新為正在進行的事投注熱情，並且擁有更大的學習空間。

不要以為滑手機能讓人重新充電，以色列的臺拉維夫大學以及密西根大學近期做過研究，在六十八個主題中量測焦慮程度，結果發現使用社群媒體反而會增加焦慮感。也就是當壓力桶快裝滿時，藉由滑手機，追蹤社群媒體資訊的方法並不能舒緩情緒。如果在瘋狂地滑動手指後仍需繼續正常工作，該研究發現人們的注意力只會變得更糟，反而會更快地投降放棄。

瀏覽社群媒體訊息是一種用來浪費時間的絕佳拖延工具。人們可以不停地移動滑鼠游標，尋找感興趣的資訊直到滿意為止。但是希望用它來排解壓力，結果會讓人大失所望。

如同處理任何困難或有壓力的事情一樣，刻意拖延的竅門也可以使用休伯曼的DPO模式：設定好時間，決定計畫，最後得到想要的結果。舉例來說：「接下來三十分鐘我要遛狗；聽音樂，或者在YouTube上觀看好笑的貓影片。我知道這些事能幫助排空桶中的壓力，之後我就可以專注在英文作業上。」

回到叔本華擺盪在無聊與痛苦之間的鐘擺，我認為也能從中學習到刻意拖延，以及擁抱無聊的那一端。就像是玩盪鞦韆，當拉著孩子的腳到最高點，他們一定會發出興奮的尖叫。但是如果維持在高處的時間太久，他們可能會害怕得開始哭泣。

人生有時就像鞦韆，如果想到達一端的最高點，另一端也需要達到同樣高度。

澳大利亞迪肯大學組織心理學研究員亞當・弗雷澤博士（Adam Fraser）在研究人類的韌性時發現相當有趣的結果。他發現人們可以承受壓力，但是卻不夠努力讓自己好好復原。

他說：「我們在韌性方面沒有問題，有問題的是復原力。」

我們應該盡量具體化自己的休息狀況，如同認真地面對工作一樣。謹慎地思考好讓自己擺盪到弧線最寧靜的那一端，使復原和工作同樣具有意義。明確具體地設定時間、方法，最後得到復原的結果。讓壓力桶釋放出更多空間，好支持自己繼續往前走。

用好奇的態度面對拖延，能幫助你成事更多，壞事更少。你將可以分辨出有目的、經過思慮後的拖延，跟單純只為逃避，不願意面對的拖延有何差異。後者其實只要問問內心的小海鞘就能得到答案。好奇心讓未知變得更加明朗。

練　習　題

讓我們保有好奇心

- 你選擇的拖延工具是什麼？
- 什麼是你的無期限拖延事項？
- 下次感到躁動不安，壓力桶滿載，有什麼考量後的拖延方法能讓你平靜些？（記得要列出需要用多少時間、哪種方法以及會有怎樣的結果）

【第7章】

自言自語爛透了

我腦海中的聲音是個蠢蛋。

——丹・哈里斯（Dan Harris）

在內心和自己對話算得上人類天生就有的怪癖，腦袋裡彷彿有個播報員一直在喋喋不休地說話。不幸的是，多數人腦中的播報員都像大青蛙布偶秀裡，那兩個脾氣古怪又尖酸刻薄的老人史戴勒與沃朵夫一樣，出了名地愛起鬨又喜歡和人唱反調。跟丹・哈里斯一樣，我腦海裡的播報員可能也是個機車的人。

人類的大腦，尤其是新腦袋，是個預測未來的機器。它能預測未來有什麼事將要發生，好事先想出應變對策。然而一旦內心的海鞘也參與其中時，問題就出現了。我們的舊腦袋總是往壞的方向想，意思是它特別會注意周遭可能的威脅，而忽略了獎勵。對於原始穴居人來說，如果錯失了什麼美好事物並不打緊，因為還是可以繼續活著、繼續打獵，也許改天又重新發現該美好事物。萬一沒注意到老虎而成了牠的午餐，接下來的演化工程就跟他們說再見了。只有那些會留意壞事的基因才被保留下來，所以人類老往壞事想非常合理。那麼為何我們內心的聲音會是個豬頭呢？

和大多數豬頭一樣，你內心的聲音往往是對的。這麼說好了，好不容易找到一個非常窄小的停車位，你打算把車倒進去停放。評估衡量了一下空間大小，過去類似的經驗讓你決定到底該不該把車倒進去。如果你的駕駛技術跟傑森．史塔森一樣好，那麼這次腦中的播報員跟你站在同一陣線。如果當下周遭還有很多車輛在等待，交通已經打結，你也快遲到了，加上曾經刮花過輪拱葉子板或者撞凹保險桿，那兩位壞脾氣的刻薄老頭就在腦子裡上演布偶戲了。

接下來的發展更有意思，如果我們小心翼翼地想把車擠進那個窄小停車格，結果發現停不進去，這時腦中的播報員就會說：「看吧，我早說過了。」雖然把車停進去這件事失敗了，但至少我們的判斷是對的。**人類就是那麼奇怪，天生就喜歡「自己是對的」**，即使結果不如預期、完全沒有用，甚至變得更糟也無所謂。

🌐 知道誰在說話

心理學家艾米・西弗爾博士（Amy Silver）把人們內心的自我對話比喻成一場派對，而「恐懼」則是派對上說話音量最大的來賓。它的聲音大到連隔壁房間都聽得見，所有人的談話主題都被它帶著走。我和艾米聊到自我對話這件事，提到為何我們不能對自己更好一點。她解釋說，當腦子裡恐懼的聲音愈大時，人們只想離它愈遠愈好；若是能深入了解恐懼試圖保護我們免於受到什麼事所傷害，它的影響就會變小。恐懼有點像學步年齡的娃兒，你愈是不理會他，他就哭鬧得愈大聲。艾米建議我們要認識恐懼，但是別被它控制。它可以跟大家共坐一桌，但沒有決策的投票權。

知道誰在你的內心講話很重要，一旦認知是恐懼在發言時，它的影響力量就會減弱。有點像是迪士尼動畫電影《腦筋急轉彎》一樣，描述主角的頭腦受到不同擬人化的情緒操控，觀眾很容易就看出是樂樂、憂憂、怒怒、驚驚或厭厭掌控了主角的行為。所以我們也需了解有時自己的腦袋裡正好是豬頭在掌控。

密西根大學教授伊森・克洛斯博士（Ethan Kross）和他的同僚對於自我對話做了一個很有見地的實驗。他們在實驗對象的頭部接上腦波儀，以便記錄大腦是哪個區塊在反應。

接著讓受試者觀看一連串可能造成心理不適的圖片，請他們分別用第一人的角度（我覺得……）以及第三者的角度（路克覺得……）來解釋圖片所帶來的感受。腦波儀顯示出，**當讓自己從第三者的角度思考時，較不會受到舊腦袋的情緒反應影響。能夠深思熟慮，邏輯性的新腦袋較為活化**。換言之，只要簡單地讓感受和自己保持一些距離，新腦袋就能掌權，做出更有邏輯理性的反應。這是一種和消極自我的對話方法。

聖經裡記載著所羅門王的故事。睿智又高貴的所羅門是猶太人的國王，人們紛紛從各地前來請求國王賜予偉大又智慧的建議。然而對外聲名遠播的他，自己的私生活卻是一團亂。眾多妻妾的問題已經搞不定，財務狀況也是亂七八糟。他擅長解決別人的問題，但是自己的家務事卻處理不了。

能夠提供別人很棒的建議，卻解決不了自己的問題，這種奇怪的習慣就是有名的「所羅門悖論」。基本定義就是**人們在解決他人的問題時會更聰明**。給別人好建議容易，知道如何處理自己的問題就困難多了。用第三人的角度，或者將自己從問題中抽離，能夠讓舊腦袋和新腦袋之間保持距離。如此一來，所羅門王都會為你感到驕傲。

🌐 最好的你聽起來如何？

第五章我介紹過卡洛斯，另一個我。他幫助我重新調整原本不怎麼管用的自我對話。當我是路克時，對於自己會有較多的批評和挑剔。然而樂觀的卡洛斯就會用更多鼓勵並且好奇的態度來對話。像這類讓另一個自我與自己對話的方法效果不錯，能招募內心的播報員為你工作，而不是跟自己說些毫無意義的話。

如果想改善自我對話的內容，最好能知道你的最佳版本是什麼模樣。找到它，專注在這個版本上，讓它和你展開對話。

我的另一位導師馬特・徹奇（Matt Church）發明了一種名為「佛陀的喜悅」的方法，簡單地說，就是「**從他人身上找到和自己一樣的好品德，並且為這樣的發現感到喜悅**」。

我將這種概念用來幫助客戶跳脫原本的自己，保持一段距離以便能客觀地觀察到在別人和自己身上都能找到的理想特質。我請他們從以下三種族群中挑選出三個人，並且列出自己所欣賞的地方。

• 自己的親朋好友

・某位歷史人物
・書本或電影裡的角色

最後我會請客戶想想看，自己人生中哪個階段是感到最輝煌的時刻，把它描述出來。接下來奇妙的事情發生了，大家都選擇了生命中遭受最大挑戰或困境的時刻，幾乎無人例外。愈是困難愈能帶來成就感，驚濤駭浪才是優秀水手的舞台。最佳自我表現很少發生在安逸舒適的日子中。

這個階段客戶們已經列出在別人和自己身上都欣賞得到的品質，他們需要從中再挑選出三、四個最重要的特徵，想辦法讓它們成為我們曾在第五章討論過的身分目標。記得，這些目標需符合以下條件：

・本質（和外在成就或價值無關）
・意圖（深思熟慮後的選擇）
・永恆（永遠無法真正實現的目標）

身分目標是有意識的生活方式，傑・謝帝（Jay Shetty）在他的《僧人心態》一書中提到：「**從外在目標中跳脫出來，成功的定義並非外面世界所決定，要向內心尋找。**」

我的心態大師朋友克雷格・鄧肯博士（Craig Duncan）認為身分目標算得上是人臨終前的評量表。如果要將能描述自己的簡短幾句話刻在墓碑上，內容會是什麼？

為自己的良好特質下定義永遠不嫌早。二〇一二年我的女兒只有十歲大，和她的一番對話至今仍讓我們兩人難以忘懷。我問她：「妳覺得自己最棒的地方是什麼？」她的小臉蛋斜向一邊，露出那個年齡的孩子經常出現的好奇表情，回答說：「我很喜歡嘗試，就算那件事我並沒有很厲害，也許那件事很困難，我還是會努力去做。我可能沒辦法做到最好，但是不會放棄。」

我回答她說：「這代表不屈不撓；這是很棒的事。妳覺得自己還有其他的優點嗎？」想了一會兒，她說：「我很會注意到什麼人看起來和別人不一樣，總是能發現誰怪怪的。像是吃午餐的時候如果都沒有朋友跟他坐在一起，我就會坐到他旁邊，讓他覺得好過些。」

她的回答讓我感到無比自豪，每個為人父母看到孩子們美好的表現時，血清素大量噴發，整個人都沉浸在溫暖又幸福的感覺中。我說：「這真是太好了，克洛伊，這代表著妳很有同情心。」

看著一手拉拔長大的女兒的表現（她現在已經是個小大人了），感到驕傲的同時也不禁在想，我應該也算功不可沒吧。當然她母親的付出和功勞更遠在我之上。最重要的是克洛伊自己的努力。簡短的對話過程，已經使她發現自己擁有堅韌與同情心的超能力。多年之後，她所有優異的表現都建立在這樣的基礎上繼續發光發熱。

認識自己的敵人

每個超級英雄都有宿敵。超人的宿敵是雷克斯．路瑟；蝙蝠俠的宿敵是小丑；奧斯汀．鮑爾則有邪惡博士。當然你腦海中的卡洛斯也應該有一個敵人。

卡洛斯有個敵人，他的名字就叫小路克。他有著不協調的小小內八腳，到了九年級仍然無法正常閱讀，任何科目都需要比別人更努力才勉強拿到平庸的成績表現。每當卡洛斯努力地想嘗試某件事時，小路克就開始擔心。不時插嘴且搬出一大堆理由，提醒自己並不夠好，而且那件事根本辦不到。卡洛斯充滿夢想且熱愛冒險；小路克則又是藉口又是威脅，希望我能龜縮在那個安全的小小舒適圈中。

卡洛斯想寫一本關於處理壓力的書，好幫助人們去除生活中的毒性壓力。卡洛斯想和眾人分享自己的想法，他相信自己，對於所能做的事充滿好奇心、創造力，而且慷慨大方。而小路克則經常問：「憑什麼你能做這件事？別人為什麼要聽你的？」他建議凡事不要冒險，保守安全就好，而且千萬別去做任何會讓我（以及卡洛斯）感到興奮的事。

我有位同事是個談判高手，技術高超無人可及。有一次我問他為什麼可以那麼厲害，他告訴我訣竅就在於：「**找出人們想要的東西，然後讓他們知道如何才能不靠它而活。**」

小路克就是使用這種談判策略，他針對卡洛斯所提出的想法和計畫，分別指出可能出錯的地方，相較之下他的方法則安全許多。一旦得逞，小路克就會把我鎖在自己安全的舒適圈裡。每當卡洛斯說我需要什麼，小路克馬上就會說沒有那些東西我也能活得好好的。奇怪的習慣？

內心的自我對話有點像卡通人物的肩膀上站著天使，另一側的肩膀則站著魔鬼。卡洛斯和小路克分別站在我肩膀的兩側，想要知道對話內容是否積極正向，就得先弄清楚那些話是從誰的口中說出。當我意識到是小路克在說話時，就能確定他只不過拿著海鞘手冊在照本宣科。

你可能聽過兩隻狼的故事，相傳它是美洲原住民切羅基人留傳下來的故事。內容是這樣的：

睿智的老人對著小男孩說：「我的心裡有兩隻狼在打架，其中一隻充滿了怒氣、仇恨、恥辱、嫉妒和謊言。另一隻則充滿了愛、喜悅、眞理和平靜。包含你在內的每個人心裡都上演著這樣的戰爭。」

男孩想了一會兒，然後問：「哪一隻狼贏了？」

老人回答：「你餵養的那一隻。」

冒名頂替症候群

冒名頂替症候群是一種不足感的集合，就算事實與之相反，感覺仍不會消失。患有冒名頂替症候群的人總是懷疑自己，覺得自己是騙子。這種症狀可能發生在任何人身上，如果不加以留意，不能用客觀的態度及時把它辨識出來，它可能會像剽悍的成吉思汗入侵中國一樣，潛入你的自我對話中。跟成吉思汗所率領的蒙古大軍一樣，冒名頂替症候群會把所有不歸順它的雄心壯志全部殺掉，只有那些甘願屈就的微小念頭才能存活。

華頓商學院的亞當・格蘭特教授是這麼描述它。

冒名頂替症候群十分矛盾，因為：

・別人相信你。

・你不相信自己。

・**但是你又相信自己，不願相信別人。**

如果你對自己感到懷疑，不是也應該同樣懷疑自己的判斷嗎？既然有那麼多人都相信你，或許是開始相信別人的時候了。

研究調查發現有七成的人曾經覺得自己是冒名頂替者，其中更不乏有許多絕頂聰明、事業成功或很大成就的人。因為懷疑自己，所以工作加倍努力，思慮更加嚴謹，或者鑽研更深入，好讓自己的能力更為精進。問題在於冒名頂替症候群也可能讓人覺得再怎麼做都無法做到完美，所以直接放棄，不再做任何嘗試。

害怕失敗、完美主義、自我價值低落，或者擔心尷尬，這些奇怪的習慣都是形成冒名頂替症候群的基礎。對於成長中的孩子來說，家庭成員互動的模式和信仰也有很大的影響。我有三位都很聰明的姐姐，以至於有閱讀障礙的我覺得自己是家裡最笨的人。我的左眼缺少了一條神經，以至於當往右側看時會出現複視現象。因為一直以來都是這樣，我也就沒把這件事告訴任何人。對我來說這個世界一團混亂，沒有我立足的地方。一直到了九年級我才閱讀第一本書——《梅岡城故事》，直到現在它仍然是我最喜愛的書。英語課程也是在大姐的幫忙下才得以完成。這些事情都讓我在心裡留下「我的英文不夠好」的結論。

二十歲時我想寫一本關於領導力的書，但是冒名頂替症候群說服了我，我退縮了，繼續待在我那個安全的舒適圈裡，繼續避談眼睛的問題。

諷刺的是現今我的工作內容全都圍繞著書打轉。我主持一個名為《**你的下一本書**》的廣播節目，節目中我會訪問許多作家。每週我至少會讀完一本書，同時花很長的時間寫作。這已經是我的第三本書，然而我仍然不覺得自己是個作家。冒名頂替症候群很難改變，尤其當你還是個孩子時就養成這種心態。我要謝謝你，感謝所有買了這本書的讀者，你們讓我走到這一步。我更要感謝我的編輯——布魯克，我的文字經他編修後閱讀起來更順暢。冒名頂替症候者就是擔心自己不夠好，或者擔心被人發現自己不夠好。

然而一旦我們學習到如何**享受不自在**，學習控制恐懼，冒名頂替症候群就會開始變弱。如同艾米・西弗爾所說：「恐懼可以坐在桌旁，但是它對於你的行為沒有投票權。」

有時候覺得自己是個冒名頂替者也無所謂，如果信心減弱，選擇無所作為是你的習慣迴路，也許你可以改變這種舊有的預設習慣，換成慎思後的新習慣，讓它幫你連接內心的卡洛斯，試著做些什麼。**行動會給你答案**，動手做是證明自己能夠的最好方法。

每個人都能將信念轉變成真相，如同我所說，我們的腦袋裡一直在編故事。如果你要為自己的信念編織一些故事，那麼就編一些有幫助的事情。

練習題

讓我們保有好奇心

- 更好版本的你會有什麼特質？
- 哪種恐懼阻止你前進？
- 哪些你所編的故事不管用？

【第8章】

✣ 毒性正能量和野蠻的樂觀

如果不曾犯錯，表示你正在迷失。應該玩一場不同的局。

——尤達大師

我來向你介紹一下「路克島」，那是一個超級美好的地方，那裡的人棒極了，每個人都很友善，朋友之間總是相互照應。路克島上的居民天生樂觀，天氣永遠晴空萬里，烏雲出現的次數少之又少，很多人幾乎不曾見過它。在那個美好的世界裡，每一件事情都是完美無缺，連獨角獸放出的屁都會化成彩虹。

和所有奇怪的習慣一樣，就連正能量和樂觀也有不再管用的一天。看到人們善良的那一面同時假設每個人都有積極正向的心態，理應能讓人過著幸福快樂的生活。問題就出在過於樂觀反而會讓你忽視人性的陰暗面，以及那些可能傷害你的事。盲目的樂觀讓內心的海鞘很快樂，只要你拒絕承認壞事仍然可能發生，海鞘就能感到舒服又平靜。

那些「負面」的情緒，例如憤怒、失望或悔恨其實是很好的老師。除非我們學習面對它們，否則無法真正地了解這個世界。不幸的是，當我活在路克島上，就無法認識我的負面情緒，長期下來就會錯失很多它們想教導給我的功課。

🌐 請把情緒改為有幫助和沒有幫助兩種

有句古諺是這麼說的：「這世界會不斷地用同一個功課打擊你，直到你學會的那天為止。」

輕視或者根本不理會那些負面情緒，已經讓我不止一次得到慘痛的教訓。因為一心想當老大的自大狂妄，曾經讓我做出糟糕的商業決策。多年前我經營一間連鎖眼鏡行，創造出全國最佳的營業額對我來說是極重要的目標。記得在一次公司舉辦的頒獎晚宴上，同桌的其他人全部都得獎，除了我之外。那一年我的連鎖店的業績還是全國之冠，而我居然什麼獎都沒拿到。我簡直氣炸了，於是第二天直接找上營業經理對他大吐苦水。就在二十四小時之後，一個巨大的蛋糕被送到店裡來，上頭還寫著「澳大利亞銷售冠軍」。同事們樂壞了，而我還對他們鬼扯，表示這都是我為大家爭取而來的獎勵。事實並非如此，這麼做只是為滿足我的自大。

當人們被自大蒙蔽時，出現失望或憤怒等情緒就表示你沒能活出自己的信念。覺得需要獲得一些壓克力獎牌才能證明自我價值時，提示著你需要更自覺地弄清楚目標到底是什麼。我花了很多年時間才學會用好奇的心態面對負面情緒，而不是把所有不安悄悄地清掃藏到地毯下，然後趕快跑回舒適的路克島。

我們在第一章提到哈佛心理學家蘇珊・大衛說要將情緒視為一個指標。**她不認同將情緒分為正面或負面的觀念，覺得應該依照不同情況，用「有幫助」和「沒有幫助」來標示它們。**舉例來說，當面對威脅時，憤怒這種情緒就很有幫助。但是在與伴侶的對話中出現這種情緒時，則幾乎沒有幫助。

像感激、信任或喜悅這類情緒讓人覺得愉快。悲傷、厭惡或憤怒就不是那麼討人喜歡。大多數人都會不自覺地逃離讓人不悅的情緒，大衛博士則相信我們需要抱持好奇的心態投身於任何情緒中。好奇地去感受所有情緒，讓自己的感覺和所做的行為之間保留適當的空間。

經歷二戰納粹集中營的倖存者，精神科醫生維克多・弗蘭克（Viktor Frankl）在《活出意義來》一書中提到：「**在刺激與回應之間有個空間，讓我們有權選擇如何回應，而回應的方式則決定了我們的成長與自由。**」

好奇心給了我們空間。

缺乏好奇心，人們會本能地逃避所有負面或痛苦的事情，當下只要有任何能減緩不適感的事，都會吸引我們去做。一旦對自己的感受抱持好奇心態，情緒就只是一個指標，一個能教導我們認識自己、自我及世界價值的重要功課。

大衛博士也解釋了「毒性正能量」。這個觀念在七〇年代第一次被人提出，因為一味地逃避負面情緒，最後反而受到情緒反撲，她指出不斷地否認自己真實的感受，只會讓人們變得更加脆弱。因為我們並非活在真實的世界，而是活在一個自己期望的假想世界裡。

我認為毒性正能量是缺乏接受壞事發生的能力。強迫自己一定要快樂，在任何情況下都保持樂觀。不幸的是毒性正能量的結果導致人們拒絕接受，或者刻意淡化人性最真實的情感體驗。

如果你也曾出現以下念頭，那麼就該好奇地再思考一下：

- 有可能變得更糟，至少現在還不是……
- 你不該有那種感覺。
- 不要多想了，繼續幹就是了。

- 那一切都在你的腦海裡，只要往好的方面想就行了。
- 快樂是一種選擇。

以上這些想法並非天生就錯，在某些時間點或場合來說它們是對的。儘管出發點是好的，但過度放縱毒性正能量會讓人感到羞愧，想把自己的負面情緒隱蔽起來，埋藏所有痛苦。在《壓力不沾鍋》一書中，我們已經知道不能誠實地面對自我意識，生活中的壓力只會加劇。毒性正能量只是想矇騙你，讓你誤以為感覺很好，而無法真正地面對不自在的情緒，更不能從中學到教訓。

有時我和我的黑暗情緒扭打在一塊兒，有時互相依偎。依偎在你的黑暗情緒旁能夠提升你的自我意識，確保所說出的故事是完整的故事，它包含了所有需要重視的醜陋、搖擺和脆弱的一面。

野蠻的樂觀

九〇年代曾經有一股健身風潮席捲全國，相關的器具大賣，但大多數最後都束之高閣生灰塵。無論是有氧健身拳擊、健腹滾輪或直排輪運動都打著相同的銷售旗號，那就是瘦身很簡單。其中我最喜歡的是八分鐘在家鍛鍊強健腹肌的訓練。無數深夜裡的電視廣告中，穿著螢光粉紅色短褲，裸露上半身秀出六塊腹肌的傻大個兒，想盡辦法說服觀眾只要購買他們家的教學錄影帶，你渴望的健美身材之夢就將實現。更別說隨著錄影帶還免費贈送你一組牛排刀。心動不如行動，要買要快。結果全國電視機前的觀眾都放下手中家庭號洋芋片，打爆銷售電話想趕快搶到一組產品。只要花八分鐘，擁有六塊腹肌的美夢終於就快實現了。

深夜裡的各種商業廣告充滿野蠻的樂觀，他們讓人們陷入不真實的幻想中，以為只需購買一些產品就能輕鬆地搞定自己的困擾。無論是健身器材，或者廚房料理用具。生意人最喜歡打著新科技的旗號，讓人誤以為它們能幫助解決困難的事（像是得到六塊肌、自行創業，或者藉由比特幣大賺一筆），而且所有過程都是輕鬆簡單。我將它稱為「**簡易的解決謬見**」。久而久之，這些念頭會漸漸侵蝕到每個人的想法裡，成為一種奇怪的習慣。

這本書裡已經多次講到海鞘模式，也就是我們的腦袋被設計用來避免痛苦，尋找快樂。而第三個動機則是選擇阻力最少的路徑行走。野蠻的樂觀正好打中這一點。

如果你曾經面對某項困難的問題，然後說：「我所要做的只是……」你可能已經成為簡易的解決謬見的信徒。看看以下例句是否十分熟悉：

• 只要我能少吃多運動，就能瘦下來。
• 只要向毒品說不。
• 永遠要選擇快樂。
• 只要你敢做夢，夢想就能成真。
• 一天只要花八分鐘就能擁有健美的腹肌。

如果那些簡易的解決謬見真的那麼有效，那麼每個人應該都有六塊腹肌，豪華遊艇也是唾手可得。對一個正在與憂鬱症對抗的人說：「你應該要開心一點」，就等同叫酒鬼停止喝酒，或者叫病理性肥胖症者少吃多動一樣。憂鬱症、酒癮或肥胖症都是非常難處理的問題，它們的背後由積習已久的各種複雜原因形成，絕非像貼在汽車後保桿上的幾句簡短口號就能解決。

野蠻的樂觀隨處可見，其中很多都是出發點良善，但內容過於簡單的建議。我也曾經不假思索地就對自己或他人做出這類的建議，事後心裡充滿罪惡感。例如隨口說出「只要這樣做就好」，或者「你為什麼不那樣想就行了」。這些話聽起來好像很有建設性，實際上幾乎沒半點功效。因為沒有辦法讓當局者找到問題生成的根本源頭是什麼。

就我個人及輔導員的角色而言，**解決方法就是用非批判式的心態，好奇地提出疑問**。例如「我能從中得到什麼？」或者「現在我有什麼選擇？」詢問「什麼」能幫助人們找到像是暴飲暴食或冒名頂替症行為背後的真正原因。如果問的是「為什麼」，可能讓人覺得受到批判或引發羞愧感。因為人們就是無法停止可憐的自我對話，或者抵擋內心渴望怪獸的誘惑。

你有辦法改變遊戲規則

告訴自己「只要」少吃幾片巧克力餅乾不可能讓我戒除這個奇怪的習慣。應該抱持好奇的心態發覺內心真正的渴望，以及什麼樣的選擇才能改變整個遊戲規則。如果我只是對自己說「只要少吃幾片餅乾就好」，絕對不可能幫助我用腹式呼吸來取代可樂和餅乾。如果不能好奇地思考糖分帶給身體的衝擊（像是褲腰愈穿愈大，血糖像雲霄飛車般忽高忽低），以及我真正希望什麼（平靜），我永遠不可能找到造成壞習慣的真正原因。因為壓力太大，覺得躁動不安而讓我想吃餅乾。知道吃餅乾是為了解決焦躁壓力的根本問題，讓我能找到其他更有效果，而且不會感到罪惡或自責的替代方案。

「只要」這個詞就像危險旗幟，它的出現代表你已經遊走在野蠻的樂觀邊緣。如果「簡易的解決」方案真的能簡單輕鬆地解決問題，所有事情早就搞定，人們怎麼還會在問題中掙扎。用好奇的態度找出導致該行為的根本原因，我們才能夠另尋方法改變它。因為我們希望改變，而不是必須改變。

野蠻的樂觀無視造成問題的深層原因，只想用簡單的方法處理困難的問題，下場多半失敗。當人們為不可避免的失敗而感到自責時，樂觀也就變得野蠻了。

練習題

讓我們保有好奇心

- 什麼事讓你覺得不自在，導致尋求毒性正能量帶來安慰？
- 你打算如何處理這種沒有助益的情緒？
- 你要如何向下挖掘好找出問題的根源？

【第9章】

✣活在落差中（當……時我就會快樂）

衡量你進步了多少是與起點相比較，而非和你的目標相比。

——超級教練丹·蘇利文（Dan Sullivan）

超級教練丹·蘇利文和組織心理學家班傑明·哈迪博士共同撰寫了一本了不起的書《收穫心態》。

如果用一個連續的圖表代表你的人生（圖9-1），十年前和現在的你各在什麼位置？一直努力想成為未來理想版本的你又在哪裡？

箭頭的一端代表著過去的自己，另一端則是未來版本的理想自己，你始終沿著這條箭頭朝理想前進。現在和理想的你之間有一段「落差」，人們經常會用這段差距來衡量自己，而不斷飄移的理想目標似乎總是遙不可及。

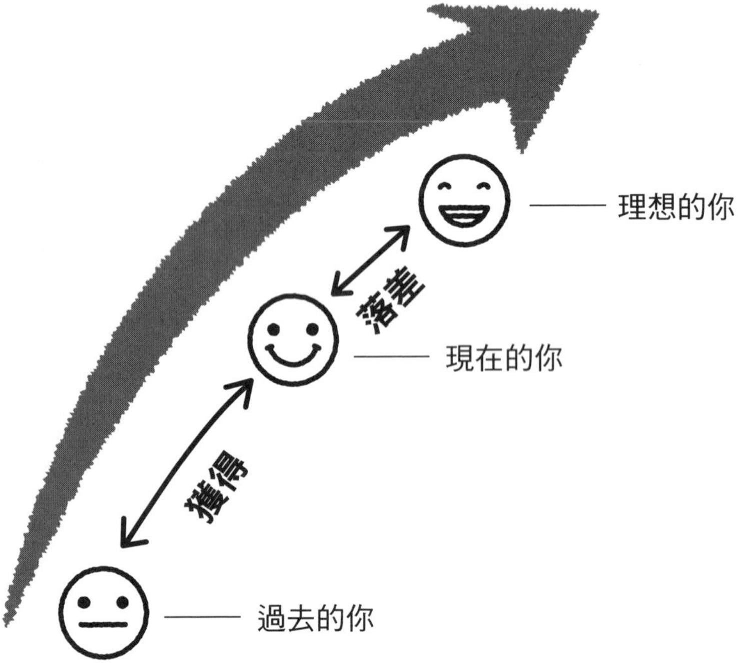

圖9-1 落差和持續中的獲得

人們很少會回頭看現在的自己和十年前有多大距離，這段差距則是「獲得」。因為沒有拿現在和過去比較，所以無法為這段距離中的成就感到快樂與滿足。

蘇利文和哈迪表示人們花了太多時間專注在現在和理想自己之間的差距，而忽略了已經成就的獲得。

把快樂放在這條線的另一端會加大落差，讓我們距離理想版本的自己愈來愈遠，同時也會讓我們覺得自己不夠格，變得不快樂。落差的距離愈大，「我不夠好」的感覺就愈強烈。活在這樣的落差中會讓自己不斷地去比較，覺得自己的不足愈來愈多。別人對於你外在表現的評價更影響對自我價值的看法。

《少，但是更好》一書的作者葛瑞格・麥基昂（Greg McKeown）是這麼說的：「**如果只專注在自己缺乏什麼，就會失去你已擁有的；如果專注於所擁有，就能獲得自己所缺乏的。**」

大家都認為缺乏的反義詞是豐富，就連字典也是這麼解釋。如果缺乏的相反只是「足夠」呢？如果我們把落差的距離縮短一些，只要足夠就好，只要符合當下需求就好？如同芮尼・布朗博士所說：「豐富和缺乏是一枚硬幣的正反面。『永遠不夠』的相反並不是豐富或者『遠超出你所能想像』。缺乏的相反是足夠。」

我可以聽到房間裡有些超級優秀、超級傑出的人在抗議，他們指出這樣的心態會讓人變得安於現狀而不求進步，最後變成每天躺在沙發上的懶散混蛋。人們仍需要因感到欠缺而產生動力，不是嗎？

我們能否將「足夠」作為基點，但仍然努力不懈呢？我們可以將過去到現在的獲得視為基礎，繼續朝目標邁進，而不是從「我不夠好」出發。如此一來，全世界已經有所成就的優秀人才或許不會再對自己的生活感到不滿，繼續奮鬥的動力也不會因而減少。

這時不得不提到「需要」和「想要」的不同。你真的「需要」第三輛法拉利，或者只是「想要」它呢？每個人都需要食物、遮風避雨的棲身之地，也需要與心愛的人保持聯繫。我們可以大談馬斯洛的需求層次理論，但我不會這麼做。需要與想要真的不同，需要的事物和想要的事物也不一樣。有很多奇怪的習慣偽裝成需要的模樣，但骨子裡完全是想要而已。搞清楚兩者的不同能幫助我們距離理想的未來更近一些。站在已經獲得的基點上，能縮小現在到未來之間的落差。

🌐 在意落差嗎？

當你在一週內多次聽到相同的某件事，應該會覺得冥冥之中這件事對自己一定有特殊的意義。過去我完全沒聽過丹・詹森（Dan Jansen）這個名字，也不知道他是誰。當我在提摩西・費里斯秀看到他的故事，接著又在YouTube上看到這位奧運金牌選手的影片，閱讀《收穫心態》時再次看到他，就知道宇宙一定在提醒我別錯過這個人。

丹是位溜冰選手，而且速度很快，不過在一九八四年冬季奧運比賽之前，沒有人知道他到底有多快。當年他只有十八歲，好不容易勉強擠進美國競速溜冰隊中。原本所有人對於這個菜鳥都不抱任何希望，沒想到那一年他拿下第四名的好成績。他的未來可說前程似錦。

一九八八年在加拿大卡爾加里舉辦的冬季奧運即將到來，全世界都已經知道這個年輕人的速度有多快。他是五百和一千公尺競速溜冰項目的熱門奪冠選手。丹也認為自己是個溜冰飛毛腿，五百公尺的比賽並沒有放在心上。

已經抵達奧運選手村的丹在一九八八年二月十四日稍早，突然接到一通來自老家醫院的緊急電話。他最愛的姐姐——珍一直在與白血病對抗，而這次她可能再也撐不下去了。電話中丹向姐姐道別，而她虛弱地連說再見的力氣都沒有。幾個小時後，就在丹準備面對人生中最大挑戰前，得知珍剛剛過世的消息。

丹決定不比了。這時父親問他：「你覺得珍會希望你怎麼做？」丹想了一會兒，回答：「她希望我完成比賽。」於是在比賽即將開始的前幾分鐘，丹才匆忙著裝，重新穿上溜冰鞋上場。然而此刻他的心神完全無法集中在比賽上，滿臉淚痕地只想找一個管道宣洩傷痛的情緒。就在抵達終點前的幾呎距離，他跌倒了。丹•詹森從未跌倒過，這一摔讓他重重地感到失敗。不僅在比賽中失敗，更讓他感到對不起珍。他一直想為姐姐做些什麼特別的事。

四天後丹再次站在起跑線上。這場一千公尺的比賽他準備用世界最佳紀錄的速度完成。頒獎舞台的規模有如迎接好萊塢明星一般。丹打算奪取金牌好紀念最愛的姐姐，到時候一定會讓全場觀眾感動得熱淚盈眶。然而不幸的是，在八百公尺的標記點處他再次跌倒，與獎牌擦身而過。

一九九二年的冬季奧運到來，賽前大家仍然看好丹，可惜他在五百公尺賽只拿到第四，一千公尺賽甚至落居第二十四名，仍然無緣得牌。看來他的狀況似乎每況愈下，曾經被認為是最偉大的溜冰運動員卻從不曾奪得奧運金牌。

丹開始和心靈教練吉姆•洛爾（Jim Loehr）合作，他們定了兩個口號：「35.99」以及「我愛一千」。每天丹都會把這兩個目標寫在日記中，決心打破五百公尺賽的三十六秒屏障。在當時三十六秒對於競速溜冰賽來說，就如一英里徑賽要跑進四分鐘以內一樣，從來沒有人做得到，同時也被認為是不可能做到的事。（羅傑•班尼斯特〔Roger Bannister〕在二〇一八年打破世界紀錄，跑進四分鐘內。）

一九九四年在挪威利樂漢瑪舉辦的冬奧到來前，丹的溜冰速度已達空前之快。日記的鼓勵生效，他四度打破三十六秒的屏障，贏得另一面冠軍獎牌，創下三十五秒七六的世界紀錄。他極度期待能在那一年的奧運賽事中拿下五百公尺的金牌。這次他非贏不可。

又錯了！

他再次踉蹌，五百公尺比賽只拿到第八名。大家對丹的表現都感到扼腕，因為他是有史以來溜冰速度最快的人，世界紀錄保持者。可惜的是，至今仍未拿下任何一面奧運金牌。多麼不幸的人。

快要崩潰的他需要和吉姆・洛爾談談，因為四天後本次冬奧的最後一場賽事即將上場。兩人決定要用一種感激的信念面對比賽，丹想讓世界知道競速溜冰運動對自己來說是多麼美好的禮物。他要向世人展示這種運動為自己帶來的喜樂，同時還要向所有幫助自己能投身於摯愛運動的人致上最深的謝意，因為他們的犧牲與付出，使得自己夢想成真。

這場比賽並非為了打破世界紀錄，而是要在世人面前展現自己喜悅的表情。大家將能看到他有多麼熱愛這項運動，以及多麼感激能有參與的機會。

讓人意想不到的結果發生了，丹・詹森創下新的奧運紀錄，真的拿下那面奧運金牌。當他站上冠軍台階領獎時，臉上充滿了喜悅與感激的最大笑容。

丹縮短了落差的距離，讓此刻倍感失望的自己與追求目標的結果分割，重新專注於自從溜冰以來獲得的喜悅。天賦和過去的努力讓他得以站在現今的起跑線上，與理想目標之間只有小小的差距。最後獲得勝利。

丹・詹森的故事告訴我們藉由認識自己的過去、現在和未來，就能將落差縮小。我們只需要心懷**感激（Gratitude）、認同（Acceptance）和目標（Purpose）（GAP），就能縮小落差**。

感激

用一堆肉麻噁心的話來表達心中的感激並非難事，這麼做很好但也只是口惠而已。不過有趣的是，科學研究證實感激能夠改變一個人的身體狀態。

在我的《壓力不沾鍋》一書中，米克・柴爾柯和我希望幫助人們減輕壓力。感受壓力是件好事，它帶來能量好讓我們將事情完成。然而我們不能浸泡在壓力中太久，它會讓人開始抗拒，而且還會讓人變笨。壓力所激發起戰鬥或逃跑的反應是為安全而設計，但它不會讓人變得更聰明。當人們維持在緊迫的狀況下太久，就不是由腦袋中比較聰明的部分掌控大局，它甚至連插話的機會都沒有。燃起鬥志能幫助事情進展，但持續的壓力會讓新腦袋離線，久而久之人們的鬥志也被燃燒殆盡。

感激之心像是能控制火焰的消防栓，它能激發具有「平靜地卸除武裝」功效的副交感神經系統，降低緊迫感，卸除戰鬥或逃跑模式。感激之心讓新腦袋重新上線，這麼做能讓感覺變好，內心的海鞘開始尋找更多值得感激的事。

加州大學洛杉磯分校的神經科學家柯亞力博士（Alex Korb）將感激形容為「良善的循環」，愈常感謝就愈容易去感謝。當經常這麼做之後，感激就不再是有限資源。

不只是因為未受威脅而感謝，更是基於真誠的自我意識去感受真實的感激，這種心態無法隨便矇騙過去。**一旦心裡充滿安定、自覺和感激，它們就能彼此滋養而讓靈魂不斷往上提升**。

感激所帶來的健康收益相當巨大。杜克大學醫學中心生物心理學院院長穆拉利・多雷斯瓦米博士（P. Murali Doraiswamy）在接受ABC新聞台採訪時說：「如果感激是一種藥物，它將是世上最暢銷的產品。它能讓所有重要的器官及系統維持健康運作。」

感激對於健康的幫助不僅在於減少緊迫反應，它同時有助於進入修護模式。當身體長期處於壓力之下，只有那些為確保安全的系統才會運作。處於戰鬥或逃跑模式下，生理運作的優先順序著重於解決迫在眉睫的危機，不是打就是跑。長遠健康這類事以後有空再煩惱。

舉例來說好了，你的心臟瓣膜有點問題，需要被修復。然而處於壓力模式下，修復心瓣膜絕非第一優先，所以這件事就一直擺在那兒沒處理。龍捲風就要來了，誰還有心情去刷圍牆油漆。以現代科學的角度來看，隨時都有龍捲風來襲的可能，於是圍牆的油漆工作永無完成之日。當然，心瓣膜也永遠沒機會修復好。基於健康考量，只能改變心態才能進入修復階段。感激就是使人改變心態的最好方法。

研究顯示，經常表達感謝的人較有活力，也比較不會出現沮喪、焦慮或孤寂的情緒。感激讓人在情商上表現得更聰明、更寬容以及更有創造力。頭腦的資源有限，如果它被壓力、怨恨或焦慮占滿，將會助長壓力這個怪獸愈來愈巨大。

透過感激這個透鏡來看世界，能使人變得平靜，讓新舊腦袋得以溝通聯繫，也能縮小落差。因為人們會專注在自己所擁有，而非尚未擁有的事物上。

認同

心理學家卡爾・羅傑斯（Carl Rogers）說：「這詭異的矛盾之處就是當我們認同現在的

自己時，我們就能改變。」

認同代表著我們能認知曾經遭受多麼艱困的挑戰，保持平靜的態度面對過去的經歷，並將它轉變為學習與成長的力量。

不愉快的回憶或者曾經的掙扎讓人感覺不舒服，如果不是刻意忽視或躲避這類事情，就是希望愈快忘卻愈好。然而逃避這些不愉快回憶的結果，讓我們完全沒機會從中學習。雖然痛恨重蹈覆轍，卻只是不自覺地將一大堆不堪過往埋藏心中。我始終相信宇宙會不斷地讓人重獲教訓，直到學會為止。如同英國前首相邱吉爾著名的一段話：「無法從歷史中汲取教訓的人，悲劇注定重演。」

想了解認同以及改變習慣的重要性，不妨從不被認同之處著手。

認同不是否認、矇騙或者找藉口將它合理化。對於所認同的事，我們並不需要去喜歡它、需要它或者從中感到快樂。也絕非需要調整自己的心態，以為認同後就不會改變。當接納了某件事，並不代表它永遠就是那樣，只是要你別再編織一堆藉口來欺騙自己，只是為了讓自己好過一些。

作家以及領導力專家安妮・麥考本（Annie McCubbin）警告人們，特別是那些容易妥協的人，盲目地認同只會招致危險。她解釋說：「凡事都唯唯諾諾，或者害怕衝突發生的人，感激以及認同的想法，只會合理地讓你的未來繼續妥協。」這麼做不會縮短落差的距離。安妮指出如果認同只是為了避免衝突，這樣的行為對你或他人都沒有益處。它與我們所主張的認同並非同一件事。

認同是一種認知自己定位的過程。就像是在你的人生谷歌地圖上放置座標點，讓你知道自己在哪裡，何去何從。但是對於曾經做出的決定或身處的環境，不帶有任何責難、恥辱或罪惡的情緒。過去種種造就現在的你，認同讓你看清這一切，同時接受它們。

對於經歷多次失敗，身處谷底的丹・詹森來說，自怨自艾似乎是理所當然。失去最親愛的姐姐，加上多次與獎牌擦身而過，命運之神如此捉弄，怨天尤人在所難免。為了參加奧運比賽已經付出那麼多努力，成績卻一敗塗地，任憑誰都很難接受這樣的結果。幸運的是丹的心靈導師讓他做出另一種選擇。在最後的關鍵比賽即將上場前，吉姆・洛爾已經和丹合作多年，他非常了解多次錯失奧運獎牌讓丹感到多麼痛苦與失望。如果只是想讓丹假裝什麼事都不曾發生，把所有傷痛埋藏在心底，完全無濟於事。

必須了解什麼原因造成現在的局面，並且用好奇的心態面對未來可能的選擇，這才是認同自己。當丹站在起跑線，準備迎接他的最後一場比賽時，心中已經做出截然不同的決定。丹他可以讓過去失望的回憶縈繞腦中，或者接納曾經的失敗，毫無包袱地面對最後的比賽。丹選擇了後者，也縮短了落差。

一九六八年五月六日尼爾・阿姆斯壯正位於休士頓的美國太空總署總部進行登陸月球的操作訓練。雖然他已經飛行過很多次，但在這一天，出了名地難以操控的登陸艇居然又發生推進器故障。這位太空人必須在墜機的大爆炸發生前將飛行艙彈射出去。

發生爆炸事件的幾小時之後，另一名太空人艾倫・賓突然探頭出現在阿姆斯壯的辦公室，跟他打招呼。當時連飛行服都尚未換下的阿姆斯壯正在寫報告，這兩位太空人彼此開著玩笑，閒聊了幾句。對於稍早發生極度危險的事件隻字未提。

賓稍後在大廳遇到另一名同事，這才得知月球登陸艇稍早發生推進器故障，因而墜機爆炸的事情。驚嚇之餘，他又匆匆跑回阿姆斯壯的辦公室，想確定他沒事。阿姆斯壯點了點頭，輕描淡寫地說：「是啊，我沒能控制住，只好棄艙跳傘。」語氣裡絲毫不帶有緊張、焦慮或困惑的情緒，只有接受它。與死亡只有幾秒鐘的反應時間，而他的處理態度就是從中學習教訓，下一次做得更好，繼續前進。

老羅斯福總統有句堅毅的經典名言，我認為能夠幫助所有人縮短落差的距離，增加我們的認同感。他說：「**在你所處的位置，用你所有的資源，做你力所能及的事。**」

無論是丹・詹森或尼爾・阿姆斯壯都無法改變自己的過去。兩人都選擇接受逆境，從中學習，同時繼續向前。你不需要贏得競速溜冰金牌，也不需要學會登陸月球。只要能學會認同的技巧，它必能縮短落差的距離。

目標

有一句話值得我們好好思考：**總有一天你會死。有什麼意義**？很激勵人心，對嗎？

如果**感激**主要針對過去，**認同**讓你著重於當前，那麼**目標**就是展望未來。如果對於未來你看得非常遠，那麼人都死了還談什麼未來。我們的目標只是讓我們從此刻開始，直到嚥下最後一口氣之前的所有日子，找到充實它的方法。

一提到目標，很容易讓人想到美國達人秀的參賽者，上台時經常侃侃而談自己有個夢想，想成為偉大的獨輪車雜技說唱表演者。或者某個網紅想收藏一系列的老式割草機之類。如果對你來說真的有某件超級重要的事，讓你懷抱著夢想去追尋，那麼恭喜你，你就好好一頭栽入吧。如果有個值得用盡一輩子去追尋的夢想，你對它的熱情永不衰退，那也是一件好事，不過並不是絕對必要。免得當那個龐大的夢想得以實現時，你已經垂垂老矣，差不多也快長眠於世，那麼和胸無大志的凡夫俗子其實也沒太大差別。

所以有什麼意義？答案很簡單：一個都沒有。我們居住的地球已經有四十五億年歷史，宇宙的直徑有九百三十億光年那麼大，而且還持續成長中。人類居然認為宇宙一定為自己準備了一個特殊的計畫。我們只不過是一粒塵埃上頭的一粒塵埃，存在的時間一眨眼就消失不見。一點意義都沒有。（我就跟你說了，很激勵人心嘛！）

當我們這麼想時，很容易會陷入存在主義的焦慮中，用不了多久就舉手投降（這也是一種奇怪的習慣）。也可能成為虛無主義信徒，對任何事物都漠不關心。陰霾的小子開始全身黑裝再染上一頭黑髮，完全被頭髮蓋住的左眼絲毫起不了作用，成天聽著「俏妞的死亡計程車」樂團音樂，下午兩點鐘還龜縮在地下室，等著老媽送早餐來。什麼事都不鳥的虛無主義者，當然也不會認為生命有任何意義。但是我們需要一個目標，該怎麼做才能找到一個目標呢？

目標有點像在漆黑的夜裡開車：即使車燈只能照亮車前三十公尺的地方，但有了它，我們還是可以行駛很遠的距離。我們並不需要一個能實現人生夢想的目標，問自己一個簡單的問題，就會知道你對自己的人生到底有沒有目標：**這個世界是否因為有你而變得更美好**？

假如答案是否定的，請再用力思考一下。如果仍然是沒有，那麼就趕緊起身做些積極有貢獻的事吧。幫助某人，蓋個什麼東西，創作藝術，寫作，用割草機整修草皮，或者騎著獨輪車說說唱唱。做任何事都可以，找個原因讓你去做那件事就對了。行動會為你帶來答案。

澳大利亞喜劇明星提姆・明欽（Tim Minchin）熱衷追求一些短期目標。像是解決一些問題、修理東西或者舉手之勞地幫助別人。只要心懷小小的野心，設定一個與你身分目標一致的方向，然後全力以赴。試著埋頭苦幹，然後看看你的熱情會帶來什麼樣的結果。

《恆毅力》的作者，心理學家安琪拉・達克沃斯解釋：「目標這個概念的核心在於我們的作為對自己以外的人更重要。」我覺得她的看法，和那位薑黃色頭髮，彈著鋼琴的喜劇明星是一致的。

尋找目標是一個很有趣的習慣。當你開始幫助別人，並且對這個世界有所付出時，目標會自行找上你。

我們在第五和第七章都談過身分目標，已經非常清楚它代表著你最佳版本的人格特質。它的目標包含了本質、意圖和永恆。我希望自己九十歲的時候還能保有好奇心、創造力，同時慷慨大方。在這個方向上，我將熱忱地對待任何我的車燈所照亮之處。目標可以改變，我們並非要從一而終。但是當你有目標時，大燈照到的地方就應該全部付出。

當身分目標與之結合時，最棒的地方就是你的自我價值與成敗一點關係也沒有。也就是說當你找到自己的最佳版本，但發現人生旅程上的冒險未能如願，沒關係，只要能從中學習並繼續前進就好，完全無傷大雅。要注意的是你必須全力以赴。不在乎是一種奇怪的習慣，我們需要有目標，並且認真地看待它。

活在落差中是一個奇怪的習慣，它加重了比較和缺乏所造成的壓力。然而活在從過去到現在的獲得中，抱持著感激、認同與目標，能將現在的你與未來更佳版本的自己之間的落差縮短。

練習題

讓我們保有好奇心

- 你要感謝什麼事？
- 列出生活中三件藉由認同它們將變得更好的事。
- 這個世界如何因為你而變得更好？

【第10章】

比較與絕望

比較是偷走喜悅的賊。

——西奧多・羅斯福（Theodore Roosevelt）

你高嗎？多數人可以毫不猶豫地回答這個問題。我身高一百九十二公分，在一般大眾的標準裡算高。但是對於美國職籃選手來說，我可能算是矮個子。九〇年代芝加哥公牛隊的金髮小子史蒂夫・科爾（Steve kerr）跟我一樣高，擔任後衛的他和其他隊友站在一起就像個孩子。

拿自己和其他人相比可以說是人類基因裡的內建模式。我們是階級制度的物種，現在如此，未來也不會改變。當第一次遇見某人，本能地就會開始相互比較，即使根本沒有意識到自己這麼做。就彼此的外觀條件、社會地位，或者聰明才智品頭論足一番。某些情況下，比較可能變成奇怪的習慣，並且對自我價值造成影響。

社會比較理論在一九五四年首次被心理學家里昂・費斯汀格（Leon Festinger）提出。他認為這是一種與生俱來的生理本能驅使我們不斷地去比較。除了人類以外，別的物種也會出現和對手比較體型大小的行為。我的朋友威廉・馮・希伯博士（William von Hippel）是澳大利亞昆士蘭大學演化心理學教授。他說人類以及許多其他動物都會進行外觀質量的客觀評量。屁股上長有豐富鮮亮羽毛的雄孔雀，比其他羽色暗淡無光又短少的對手更能吸引雌孔雀的青睞。巨大的羽毛容易被獵食者盯上，如果拖著那麼長的尾巴還能逃過追殺，那傢伙肯定有兩把刷子，自然更能擄獲母孔雀的芳心，值得與之共築愛巢。

只不過將社會比較理論用在一個修圖軟體充斥，真假混雜的世界，想找到客觀的質量衡量標準並不是件容易的事。更何況人們很少去思考質量實際上指的是什麼東西。也許那個有六塊腹肌，強健的肱二頭、三頭肌，還開著紅色法拉利跑車（人類的孔雀尾巴）的小伙子是全世界最棒的傢伙；但也有可能他只是個自命不凡，用跑車充當男性老二的混蛋。你分辨得出來嗎？

當我們打量某個人時，舊腦袋憑直覺做出第一印象。不過它不怎麼在乎細節，無法分辨灰色地帶或什麼事對我們最重要，只是快速地做個決定。接下來就是新腦袋的工作，它會依照舊腦袋的判斷去尋找相關證據。這就是為何給人的第一印象很重要，而且它也不容易被改變的原因。新腦袋負責驗證第一印象有沒有問題，而不是去質疑它。我們可以把邏輯性的大腦想像成一個法官，他權衡各種選擇和事證，最後做出決定。事實上，他更像是首相身旁的新聞祕書，會編造事實好讓老闆看起來風光體面，並且確認第一印象。

對於西方社會來說，**比較與絕望**的本質是根據每個人自己不喜歡、不希望以及絕對不會選擇的事項作為標準，並用此來批判自己。在過去的年代，比如說嬰兒潮世代，每個城市族群裡都能找到比自己更優秀的人。他們開更好的車，住更大的房，是人生遊戲中的勝利者。每個人的周遭都存在比自己等級高一些的人，可作為羨慕嚮往的目標。多棒的系統。

社群媒體、網紅文化以及一些不切實際的期待，使得我們關於「比較與絕望」的社交比較硬體發展到極致。現代人已不再和比自己優越一、兩個等級的人比較，我們無時無刻不將整個社會體系納入比較範疇中。社會比較的問題在於人們只會往上比，而不往下比。我們活在前一章所提到的落差中，汲汲營營於自己所欠缺的，將已獲得的視為理所當然。如果滿腦子都想著誰比自己苗條、年輕又有錢，或者奶子更大，肱三頭肌更壯，社交行事曆滿到爆，那麼要保持感激、認同及目標幾乎是不可能辦到的事。你必須停止比較，不再絕望。

用自己百分之百的人生（包含你的香港腳，以及每次坐下都痛得要命的屁股毛囊炎在內），和那些光鮮亮麗的網美，經過修圖美化，精心編輯策劃後百分之一的生活相比，結果肯定是一場災難。像是到速食店用餐，然後拿自己手中的漢堡和廣告上的照片相比，即使味道嚐起來不差，但心裡一定還是覺得受騙。社群媒體上的訊息經常讓人感嘆別人都過著精彩美好的生活，而自己的人生就如同手上的漢堡一樣，又小又扁還沒有料。難怪我們會感到絕望。

🌐同類相比

有個網站ratemyagent.com.au，能夠查詢在某地區所有房地產經紀人的績效排名順序。除了客戶對他們的推薦筆數，也可以看到他們銷售總金額和成交量等資訊。這種公開的資訊能夠激勵人心，尤其當那些名列前茅的經紀人，看著自己的名次逐漸往上攀升一定士氣大振。然而對於那些績效不彰的人來說，比較之後感到絕望的心情油然而生，甚至為自己開啟一扇走向冒名頂替症候群之門。當自信心開始下滑，在競爭激烈的經紀人市場中可不妙。

二十多歲的康納是我的朋友，他和哥哥共同繼承了家族的房地產經紀公司。他非常努力，並且擅長導入新的科技技術，使得市場交易情形更加活絡與有趣。我就是在和兄弟兩人聊天時得知上述網站的資訊。康納相當自豪地對我說，最近在所經營的區域，他的排名已經升到第八名。看了他在這幾個月間的成交量，我對他說：「我覺得你的名次還可以更高。」

這時他的哥哥忍不住插話，表示同一個區域的其他經紀人都比他們經營了更久的時間，他們好不容易才一步步地擠進前段班。接著說了一句意味深長的話：「我們不要越級打怪，你不能拿第三級的成績和已經是第十級的人相比。」

年輕人能說出如此充滿智慧的話實在難得，代表他非常清楚自己現階段的定位在哪裡。比較是一個奇怪的習慣，它需要先了解比較的對象才有幫助，有個可追尋的目標是激勵成長的動力來源，但是一定要記得同類相比，別拿蘋果比橘子。

失去的聯繫

在《照亮憂鬱黑洞的一束光》一書中，作者約翰・海利（Johann Hari）深入地探討抑鬱和焦慮。他指出現今世界比過去更安全，人際交流也是有史以來最頻繁的時刻，但現代人反而變得更加悲傷。一生中大多數時間都在與抑鬱和焦慮對抗的他，花了將近二十年的時間想藉由醫藥來治療心理問題。為了更清楚地了解為什麼抑鬱和焦慮，他遍訪全世界的專家。最後發現它們之間都有個共通問題，正如他的書名標題：失去的聯繫。他探索了人們與自然的聯繫，與目標的聯繫，以及最重要的，與他人的聯繫。他在思索時有了頓悟：「**抑鬱症有沒有可能是人們對自己的生活未能達到應有的水準而感到悲傷？**」

當和他人相比之後出現的絕望感，有沒有可能是對已經失去，但仍然需要的人際關係感到悲傷呢？

海利很快地就指出社群媒體平台有它的優點，它製造人們之間的連結機會，這一點非常重要。但問題出在它並沒有建立強烈的個人歸屬感，讓人覺得自己是社群中不可或缺的一員。他進一步解釋虛擬世界和真實人物之間的差別，就像是「觀看色情片和真實性愛，基本上都搔到癢處，但前者永遠無法讓人滿足」。

海利描述當所處環境不符合人們的生理特性時，抑鬱和焦慮的產生其實是一種正常反應。拿自己和他人比較很正常，不正常的是比較過程中的失衡，比較的對象性質不同。對於別人精心設計下的美好生活片段感到羨慕和嫉妒，只會助長比較之後感到絕望的奇怪習慣。

伊森・克洛斯博士在二〇一五年做的研究中發現：「人們愈是花時間肆意地瀏覽臉書，窺視他人的生活，心中就會產生更多的嫉妒，而且這種感覺還會愈變愈糟。」

如果覺得自我價值是由被人按讚、分享或追蹤的次數多少所決定時，應該要做出一些改變了。人們經常藉由以下社群媒體平台進行各種資訊的比較：

- 臉書：你的生活是否忙碌或精彩。
- ＩＧ：你和你的人生是否美麗。
- 推特：你是否聰明慧黠。
- Snapchat：用表情符號能分散多少朋友的注意力。
- LinkedIn：你是否重要，事業是否成功。
- Pinterest：椅背靠枕美不美麗。

剛開始其實並不是這樣，ＩＧ的創始人邁克・克里格（Mike Krieger）二〇〇二年的時候還是個就讀史丹佛的大學生，他設法選修了福格說服科技實驗室的課程（還記得嗎？福格是將「陽光」放入習慣迴路的發明者）。課堂上他們學習所有有關史金納的理論，習慣迴路、基於獎勵而學習及行為改變等知識。

在一個專題中，邁克和名叫崔斯坦・哈里斯（Tristan Harris）的可愛電腦書呆子被分派在同組，兩人需要設計出一款能影響人類行為的應用程式。十分痴迷於寫電腦程式和變魔術的崔斯坦對於被稱為「季節性情緒失調症」這種心理學現象很感興趣。如果你曾經居住在寒帶氣候的地方，應該對這個症狀不陌生。每年冬季的短日照，確實影響了人的情緒。

我曾經在英國住了幾年，已經親身體驗到在黑暗陰森的冬季，季節性情緒失調症會帶來多麼可怕的影響。英國人的個性是出了名的固執、陰沉和呆板，不過這些並非我的經驗。我自己認識的英國人都十分機智有趣。然而每年二月左右的時候，就連平時最開朗的人也會變得像柴契爾夫人，彷彿生活都暫時變得悲慘可憐。只有等到樹上出現綠葉，白天的時間漸漸變長，包含我在內的所有人臉上才開始展露笑容。春天到來後，我才有好心情漫遊路克島，享受美好的陽光，以及獨角獸放屁變成的彩虹。

邁克和崔斯坦決定設計一款能幫人們度過季節性情緒失調症的應用程式。他們的想法是：讓人們和住在世界另一端的使用者相連，把陽光送給他們。程式能即時追蹤兩地的天氣狀況，當某人經歷了糟糕的一天，位於另一端的人就可迅速送上溫暖的陽光。多棒的創意。這個程式能讓人知道還有人在關心自己，對於正處於季節性沮喪的朋友來說，心情能夠提振一些。

完成這個應用程式的幾年後，邁克和班上的另一名同學凱文・斯特羅姆（Kevin Systrom）著手藉由線上分享照片而讓人獲得喜悅的新計畫。類似的效果已經能從臉書上看到，只要按個讚，或者小小的愛心，就能得到立即的強大回饋。邁克和凱文深知這一點，人們享受在多巴胺的刺激中，同時喜歡自己有所歸屬的感覺。二〇一二年兩人將這種心理學知識發揮在應用程式的設計上。

這個程式就是Instagram。兩年後他們以十億美金的價格把它賣給了臉書，在當時這可是相當大的金額。不過很快地就被另一筆成交金額比了下去，臉書隔了兩年後再用美金一百九十億買下WhatsApp。社群媒體是一項商機龐大無比的行業。讚、分享、追蹤再加上轉推，已經成為這個世代獲得多巴胺獎勵回饋的最佳管道。

到了二〇二二年，IG已經累積了十四億用戶，估計市值高達一千零九十億美金。母公司Meta的廣告收益中有三分之一都來自它。社群媒體的耀眼光芒照亮了全世界。如果你曾經在夜裡身處等紅燈的車陣中，轉頭看看隔壁車道的人，他的臉上很可能出現莫名的神祕藍光。如果他的年齡在三十歲以下，那麼開啟著IG的手機八成就放在他的腿上。社群媒體就代表著人與人的聯繫，這是人們迫切的渴望與需求。

🌐 虛擬世界部落

在我的《壓力不沾鍋》一書中有個很基本的觀念，那就是**部落帶來的安全感**。身為人類，我們需要有人可以愛，同時獲得來自他們的愛。史前時代的原始人，孤單的下場就是嗝屁。人類需要團結合作才有辦法生存下去。讓內心的海鞘和其他人保持連結的動力則依賴一系列化學物質：血清素、多巴胺、催產素等都能讓人在融入群體和被人疼愛時產生歡愉的感受。

當孤單一人時，腎上腺素和皮質醇等壓力荷爾蒙則被釋放，讓人產生趕快起身尋找朋友的動機。

想像一下自己整天的工作都不順利，因為緊張使得皮質醇濃度上升且充斥全身，讓你感到焦躁不安，非常不舒服。這種壓力荷爾蒙驅使你想要做些什麼，於是腦袋開始搜尋有什麼事能讓自己覺得舒坦些。突然想起前些日子在臉書上貼了一張照片，很多朋友按讚表示喜歡，那種感覺挺不錯；就讓我們再做一次吧。於是你找出另一張照片，那是去年假期出遊時所拍的照片。用修圖軟體美化一遍，不滿意的話就再修一遍，完成後丟到虛擬的網路世界中。你仍然痛恨現在的工作，養的貓正虎視眈眈地盯著你當晚餐吃的鮪魚罐頭，好在剛才貼出的照片得到不錯的反應，朋友們紛紛在底下留言。網路世界立即的反饋帶給你一些多巴胺，感覺舒服多了。然而你的真實生活並沒有發生任何改變。

有一句關於哲學思想的問題是這麼說的：「如果一棵樹倒在森林裡，周圍沒有人聽到它，那麼它會發出聲音嗎？」這句話的現代版本就是「如果沒出現在ＩＧ上，它就不曾發生」。社群媒體讓人們覺得有歸屬感，它提供了讓人們展現自己在乎或關心的平台，以便與他人交流。它難道不是很棒的系統嗎？

就跟許多奇怪的習慣一樣，社群媒體很棒，直到它不再管用為止。在第一章我們曾經提到成癮的兩個定義，分別是：「對將帶給你快樂的事物逐漸縮小其範圍」，以及「儘管有不良後果卻繼續使用」，社群媒體完全符合以上定義。**當社群媒體從最初的聯繫工具轉變成需要被人肯定的工具時，已經成為奇怪的習慣**。它把能帶來快樂事物的範圍愈縮愈狹窄，同時儘管結果已不如期望，但人們仍繼續使用。

我們應該活在當下，但是有些人變得沉迷於捕捉當下，修飾美化當下，編輯當下，並且分享當下。簡單地好好活在當下不是比較好嗎？

社群媒體並非讓我們在比較後感到絕望的唯一來源，只不過它會駭進我們的舊腦袋，製造出一個奇怪習慣的地獄。它曾經很美好，直到不再是為止。

練習題

讓我們保有好奇心

．你在使用社群媒體時有什麼預設的習慣迴路？

．對你來說，社群媒體是用來與人聯繫或者從中獲得認同感？

．如何能更謹慎地使用這些社群媒體？

【第11章】

嘿，你瞧，有東西在閃閃發亮

每個重大的浪費時間都起源於微小的分心。

——匿名者

不尋常的事特別會吸引人類腦袋的注意。數千年前的樹叢裡有什麼東西在晃動，是否注意到這件事的差別就在於你找到一頓食物或者你成為誰的大餐。那些不在預期中的獎勵刺激大量的多巴胺分泌，腦袋就開始更加頻繁地尋找同性質的獎勵。試著想想看，在一件去年冬季過後就不再穿的夾克口袋中找到一千塊時，那種感覺有多開心。

那麼為何分心會變成一種奇怪的習慣？我太太形容我像松鼠：「嘿，你看，那邊有什麼東西在閃閃發亮。」我認為她說到了重點，這陣子對我來說，保持專注力似乎變得愈來愈難。不過我想自己不是唯一有這種問題的人。

科技發展的結果，使得這些「閃閃發亮」的東西到處都是。它們特別容易出現在手機中。收到一則新簡訊或者電子郵件時發出的提示聲，或者臉書上蹦出的愛心，這些訊息都需要我們時時刻刻注意。

🌐有趣的事愈來愈多？

所以當手機噹的一聲響起，發現某人把你標記在一張照片上，這個當下腦袋已經得到多巴胺的回饋，感覺很不錯。基於好奇，你點開了臉書，發現居然有一大堆多年不見的照片，勾起懷舊情緒，開始回憶曾經的美好時光。或者看到好朋友做的酪梨吐司，她知道你最愛酪梨醬了。誰猜得到噹的那一聲會帶來何種驚喜，很可能就是多巴胺棒棒糖帶來的甜蜜滋味，而大家都愛極了棒棒糖。你內心的海鞘向來討厭未知狀況的不舒服感覺，有趣的事愈多愈好。我的手機在哪兒呢？

當相同的事件發生十次、二十次、五十次甚至一百次之後，所帶來的興奮感就遠不及第一次的感覺。我們大腦對於這些愉快經驗的回應方法已經發生改變，當曾經美好的事情一再出現時，就會失去原有的吸引力。心理學家將它稱為「享樂適應」。即使是自己真正喜歡的事，只要出現的次數變多，你所獲得的多巴胺棒棒糖就會愈來愈小，不再那麼美味誘人。好比說喜歡吃龍蝦，如果每天的每餐都讓你吃龍蝦，很快地你就會對它感到厭煩。

科技自然有它鬼祟的心靈小把戲厲害之處，不可預期的獎賞讓內心的海鞘不斷地猜測，所以腦袋不會對先前的歡愉感到習慣。參雜著許多獎勵機制的社群媒體像是用根棍子把胡蘿蔔吊在你面前，讓你始終興趣不減。它利用好奇心吸引注意，激使你想看得更仔細，分散你對其他更重要事物的注意力。

如同第二章中我曾說，每天早晨都會花一小時做運動，踩踏飛輪車的同時閱讀電子書。那是我最佳的學習時間。因為需要保持專注才能學好某件事，所以愈早開始愈好，以免有其他事情讓我分心。幾週前我正在讀一本書；耳機裡播放著音樂；收到衝浪伙伴傳來關於浪況的幾則訊息；檢查了三次電子郵件；得知有場音樂會將舉辦，又訂購了幾張票。那麼多事情都發生在我原本應該運動和學習的時間裡。諷刺的是當時我所讀的那本書正好是尼爾・艾歐（Nir Eyal）所著的《專注力協定》。

作為行為設計專家，尼爾・艾歐對於分心這件事特別感興趣。他就像是另一個福格般的天才，已經出版了兩本從完全不同的角度探討分心的書。他的第一本書《鉤癮效應》講述的是如何打造能讓人們上鉤的產品（例如社群媒體、線上博奕或者寶可夢等）。諷刺地，他的第二本書《專注力協定》卻是教人如何抵抗世界上那些誘惑人上癮的閃閃發亮產物。

尼爾・艾歐表示那些大科技公司要獲取、利用及販售使用者的注意力。如果你能得到人們的注意力，就能觸發他們心中的渴望，最後為了實現心願，辛苦賺來的錢就會與他們分離。看到最後一章時就能發現，社群媒體是門大生意，不幸的是，他們所販售的產品正是我們的注意力。

尼爾・艾歐認為任何會讓你離開原計畫的事就叫分心。引力則是任何意識下能帶來朝著希望的方向前進動力的事。所以引力的相反詞就是分心，它讓你有意識地停止某件正在做的事。

他說：「**引力讓你朝真正想要的事前進，分心則讓你朝反向而走。保持不要分心的意思，就是努力地實現承諾要做的事。**」

如果將引力定義為「朝真正想要的事前進」，這讓我想到是否可能因為不清楚自己到底要什麼，而讓分心這件事變得更糟。正如斯多葛主義的哲學家塞內卡說的：「如果連自己要航向哪個港口都不清楚，那麼無論吹什麼風都不會滿意。」

固定在晨間運動及閱讀是一天中我最喜愛的時光。如同美國退役上將威廉・麥克雷文（William H. McRaven）著名的「鋪床」習慣：「如果每天早晨起床你都會把床鋪好，你已經完成一天中的第一個任務。」如果每天一大早就做了運動且學到新知，我已經完成了一些事，就算接下來的其他時間都過得很狼狽也沒什麼關係。每天早上的那一小時是我送給自己的珍貴禮物，如果分心做了其他事，對我一點好處也沒有。

和許多奇怪的習慣一樣，分心在本質上並不是壞事。事實上許多意外出現的亮點確實為生活帶來很大的喜悅。如果只是為了防止身旁出現的雜事導致分心而永遠地替自己戴上遮蔽視野的賽馬眼罩，那麼生活肯定會少了很多樂趣。做到「不要分心」並非絕對不能注意周遭出現吸引目光的事，而是需要謹慎地思量。檢查電子郵件也好，瀏覽ＩＧ照片或觀賞狗玩滑板的影片都沒關係，只要這些事對自己有幫助。根據尼爾・艾歐的看法，當你有意地，且在安排好的時間內進行上述事項，並不算是分了心。

尼爾・艾歐自己也很喜歡社群媒體，但都是有目的地使用它們。不會只因為覺得無聊、緊張或焦慮，而開始無止境地移動滑鼠游標。如果需要在那些平台上與人交際聯繫，他會安排特定的時間執行，這麼做不至於打斷原計畫的工作。所以科技新玩意兒，特別是社群媒體，似乎已成為成人版的奶嘴。每當人們感到無聊、焦慮、悲傷或躁動不安時，擁抱它們就可以帶來心靈平靜。不幸的是，研究顯示一旦過度依賴這些新科技產物，反而會製造出更多「干擾雜音」，讓人的注意力更無法專注，增加緊迫程度。尚恩・艾科爾將「干擾雜音」定義為無法增加任何益處卻導致分心的事物。社群媒體、各種五花八門的訊息、垃圾郵件及騷擾來電等等都可算干擾雜音。我認為還可以把它的定義擴大為妨礙良好習慣進行，導致將注意力分散到無建設性決定的任何事物。

🌐 使世界變得更好？

有群年輕的科技業領袖開始認知到他們的發明導致一些問題，並努力想反轉已造成的不良結果。還記得發明送出陽光這個程式的邁克・克里格和崔斯坦・哈里斯嗎？他們兩人對於福格的理論都非常熟悉，所以才有辦法設計出讓人上鉤並且無法脫鉤的科技產品。

孩提時代的崔斯坦已經是個業餘魔術師，當靈巧的手展示戲法時，他知道怎麼做才能分散觀眾的注意力。每年暑假都會參加魔術營活動，多年下來已經向多位偉大的魔術師習得高超技法。他被教導魔術只不過是想辦法找出人們注意力的脆弱之處。書呆子的魔法營之旅大增了崔斯坦的功力，加上得到福格的真傳，他學到如何找出人性弱點的魔法，使用的是史金納早在六十年前就發現的「強化理論」。

崔斯坦發明了一個產用程式，只要將滑鼠游標移到螢幕上某個字，就會自動跳出關於該字的相關資訊。不需要另外開啟新視窗，再跳入另一個永無止境的兔子洞中。谷歌喜歡崔斯坦的這項發明，於是花了大把銀子買下產品，並且移植到Chrome瀏覽器。谷歌買下崔斯坦的公司，並且在谷歌的總部為他安插一個職位。隨著在矽谷的知名度愈來愈高，似乎有些事情也慢慢侵蝕他的良心，開始思索自己的作為是否符合倫理道德。

先前曾提到，福格及他的學生正對矽谷進行改造。如同蜘蛛人的叔叔告誡彼得・帕克「能力愈強，責任愈大」，課堂上福格經常讓學生進行道德思辨，不斷地灌輸學生要讓自己的技能使世界變得更好。

經過多年的發展，這些科技產業也變得更加複雜。像谷歌、臉書或蘋果這類的大公司，紛紛加強運用細膩的心理學分析，以便掌握使用者的喜好，推出能獲得他們青睞的資訊或廣告。於是哈佛大學肖莎娜・祖博夫教授（Shoshana Zuboff）提出「監控資本主義」理論。他那些大型科技企業研究使用者個人及其偏好習慣，再將這些資訊賣給想從中賺錢的公司。他們所做的就是讓你分散注意力，好落入他們的計謀中。福格在課堂上苦心灌輸的道德感，成效或許不如期望。

有句老話是這麼說的：唯有納入金錢的誘惑才能測試是否堅持原則。福格所教導的觸發和改變習慣等神奇課程，已經被人用來竊取他人的專注力。崔斯坦和他的朋友準備予以反擊。

谷歌在官網提到他們的使命是「整合全世界的資訊，好讓普世都能獲得並使用」。不過他們沒有說明到底是哪些人可以獲得及使用關於哪方面的資訊。

崔斯坦對此表達關切，擔心這些產品對使用者及其注意力會造成什麼影響。而同事們也紛紛開始注意他所說的話。這讓谷歌因而為他製作了一個全新的角色，崔斯坦成為谷歌首位「設計倫理學家」。他需要監督谷歌的所有產品（盡可能）不會對人造成傷害。

然而在幾年後，一直感到挫折的崔斯坦離開了谷歌。看來那些為了讓使用者保持專注力的倫理產品，無法在造成公司營收減少的情況下存在。這個場景看來和湯姆・克魯斯主演，想把工作做得更好但會讓公司損失收入的《征服情海》十分雷同。倫理對於科技大廠來說，肯定落得如猶太教堂中素食自助餐上的豬肉香腸相同的下場。

崔斯坦・哈里斯前往美國參議院針對大型科技企業進行的調查會中作證，同時製作Netflix紀錄片《智能社會：進退兩難》。他致力於幫助人們從所謂的新科技中重新奪回自己的專注力，同時減少監控資本主義的影響。

不斷分心這種奇怪的習慣並沒那麼容易逆轉。崔斯坦在紀錄片裡指出，那些社群媒體剛開始並沒有那麼陰險的意圖，只不過隨著簡單的進化，和所有生意人一樣，他們在能賺錢的地方加倍下注。藉由販售使用者的個資，以及需要和渴望等資訊，造就谷歌、臉書和微軟成為全世界最大的企業。

在沒有進入大陰謀論的情況下，這些社群媒體公司的演算法一直在進步。人工智慧電腦獲取的資訊愈多，就愈能分析出你最有可能把錢花在什麼地方。接著再把這些數據販售給你可能會購買他們產品的公司。這為監控資本主義提供了基礎，更可怕的是他們目前獲得的數據，完全無法和接下來要發生的事相比。有點像八〇年代的老媽們還在擔心孩子們沉迷於「小蜜蜂」電動玩具，完全無法想像現今線上生存遊戲已經發展到何種神奇且讓人無法自拔的上癮境界。

所以我們要怎麼做才能保持自己的專注力，停止干擾雜音與分心呢？

去除干擾雜音習慣

搭飛機讓人神經緊張。要注意嚴格的班機時刻表，不能走錯登機門，有時還會被搞不清楚禁止攜帶液體登機的旅客阻礙安檢動線。唯一能讓我減輕搭機時焦慮感的東西就是降噪耳機。起飛時只要戴上它，巨大的引擎聲就消失不見。連帶著隔壁座位老兄的打鼾聲也一併消失。有了這個好物，周遭許多讓我分心的東西瞬間被消除了大半。戴降噪耳機這個小習慣，讓我排除至少五、六件原本造成干擾的事情。

避免分心的最有效做法，就是找出你周遭的干擾雜音，並將它們一一去除。舉例來說，建立良好的睡眠習慣是你的目標，那麼包含睡前的食物、就寢環境的光線或真正的噪音都可能影響睡眠品質。最簡單的方法就是裝上能阻絕光線和聲音的窗簾。昏暗的房間絕對能改善睡眠，何況裝窗簾這件事只要做一次，之後就可繼續受益。

我們已經了解手機是竊取專注力，導致分心的主要因素之一。伴隨收到新訊息所響起的每個叮咚提示音都會讓人分心一次，而根據研究顯示，每次分心後至少要花二十分鐘，人們才有辦法重新將專注力放回先前進行的事物上。我想大家都能找出許多辦法來減少手機造成的干擾，以下只舉兩個簡單的例子提供參考：

一、**關閉提醒**：將各種手機應用程式的新訊息提醒聲音關閉，別再讓它打斷你的注意力。這個小動作可說是物超所值，只需花幾秒鐘的時間加以設定，就可永遠阻斷無數個讓你分心的機會。此外，這麼做還能減少手機觸發的多巴胺成癮症，拯救部分將手機視為維生系統的現代人。

二、**把手機放置其他房間充電**：時間應該用於和所愛的人保持聯繫，沒有人想在自己的墓碑上刻著「我真希望能多花點時間在ＩＧ上」這類碑文吧。然而很多人在與家人或朋友相處時，因為總惦著手機而講話心不在焉。我自己有個習慣，就是把手機放在位於家門口的辦公間裡充電，如此一來當鈴聲響起時我仍然聽得到，但不會出現需要立即接聽電話的衝動而導致分心。朋友們都知道如果有事找我，電話鈴聲得多響一會兒。如果沒有緊急事件，我會另找時間查看簡訊或電子郵件。這個小習慣也減少了許多分心的次數。把手機放在其他房間充電的另一個好處，就是你不會把它放在床頭。

如果有，很好，更多一定更好嗎？

「有，很好；多一些更讚」是我的人生態度，所以對於「適度」的界線感到十分模糊。關於體重，我一直有著小小的問題。過去二十年來我都想減輕十到十五公斤。差不多在三年前我感受到間歇性斷食帶來的樂趣。你覺得人們每天會做出多少次和食物有關的決定呢？大多數人覺得在十五次左右。不過經過科學家的測量後，發現次數居然高達兩百次以上。

《從A到A⁺》一書的作者，當代企管大師詹姆・柯林斯（Jim Collins）說：「一個明智的決定，能省卻其他千百個決定。」間歇性斷食就是能讓人省掉再做兩百個決定的好方法。當我斷食時，所有與食物有關的選項只剩下一個，就是離開餐桌。少了其他干擾思緒的雜音，腦力就能使用在更需要的地方。託間歇性斷食去除了干擾雜音之福，過去這三年我真的減輕了十五公斤，而且再也沒復胖，不再為體重增增減減而感到煩惱。

有句諺語是這麼說的：「百分之百的承諾比百分之九十九的承諾容易。」雖然只有百分之一的差別，但是當人們心中還存在一點點懷疑，猶豫不決的結果就是無法成就任何事。這並不是一個數學問題。決心斷食的確是件苦差事，要違逆內心海鞘而改變舊習慣。最終你的身體和腦袋都會習慣這件事，也替自己省卻了其他一百九十九個決定的煩惱。

關掉來電提醒，把手機放到隔壁房間，或者斷食等決定，都是去除干擾雜音習慣的例子。如同麥可・喬丹的名言：「**一旦我做了決定，絕對不會再去想它。**」

練習題

讓我們保有好奇心

- 你要如何設定手機，好讓「干擾雜音」減少？
- 從現在起，你會把手機放在哪裡充電？
- 你準備嘗試哪三件能去除干擾雜音的習慣？

【第12章】

逃避搞自閉

事實上不會因為你掙扎於某事，就變成別人的負擔。它不會讓你變得不可愛、不被需要或者不值得疼愛。它不會讓你變得太超過、太敏感或太貧乏。只會讓你具有人性。

——丹尼爾・寇普克（**Daniell Koepke**）

大衛是個身上布滿許多很酷刺青的大塊頭，他喜歡健身，力氣大得可以舉起一輛小貨車。可想而知，當他從六公尺高的屋頂摔到地面時，發出多麼巨大的聲響。當時他正在安裝太陽能板。雖然壯得跟牛一樣，但這個回合水泥地還是贏了。他摔爛了左腿、右腳踝及左手腕骨折，還斷了好幾根肋骨。大衛的狀況慘不忍睹，以上種種都證明水泥地比人體硬上許多。他經歷多次手術好修復摔爛的腿，住院期間更努力地配合物理治療師復健。因為他堅信只要自己有足夠的決心和毅力，殘破的身體也有復原的一天。

大衛是個相當有毅力的人。但這個大塊頭沒想到這場意外對心靈造成的傷害遠不只如此。住院期間的表現都還算好，可以跟護士聊天，勇敢面對物理治療及職能治療時的痛苦挑戰。雖然身體受重傷，但精神表現還正常。只不過等他出院回家後，情緒上的煎熬才開始浮現。他掙扎地對抗心靈裡的惡魔，看著自己的身分目標逐步被剝奪。

這本書已經討論過要謹慎地建立身分目標，培養良好習慣以便讓自己變成想要的模樣。對於二十多歲的大衛來說，身分目標和他的日常生活脫不了關係。他是個電工，熱愛健身、騎單車、踢足球，以及和其他大塊頭伙伴們一起喝啤酒。週末時則陪著未婚妻到郊外健行。然而這樣的生活模式在受傷後都不復存在。

意外發生後，許多能讓大衛感到快樂的事已無法進行，他也變得不像原本的自己。起初朋友們還是會前來探視，久而久之探訪的頻率和品質都開始下滑，大衛因而感到十分痛苦，變得極度抑鬱。他發現自己正在遠離所愛的人，其中也包含未婚妻。情緒在最低潮的時候，甚至想自殺。

大衛太過急於回到工作崗位，但在身體尚未完全復原的情況下，根本無法承受過去的工作。把自己逼得太緊的結果，不僅遭受極大疼痛，也不利於傷勢復原。他覺得自己真沒用，只是別人的負擔。有時羞愧得想找個洞永遠躲起來。精神健康狀況糟透了。

🌐 為何不願意讓別人幫助自己？

隨著身體慢慢復原，他的心理狀況也稍有改變。大衛領悟到，一定還有很多人也經歷和自己相同的遭遇。住院期間能得到很多人的協助，然而一旦回到家裡，這些協助的資源就開始枯竭，人可能因此自暴自棄。那段期間大衛參加了我開的一門課程，我們檢視了他的思想習慣，特別針對罪惡感和羞愧感進行了解。他自認為是大家的負擔，尤其是對未婚妻來說。因為不想成為別人的累贅，他選擇退出原本的生活圈。為此也感到羞愧。

羞愧感和罪惡感有何不同，我認為布芮尼・布朗博士的說法很有道理。她說：「做了不好的事讓人產生罪惡感；覺得自己不夠好則讓人感到羞愧。」布朗博士發現，出現羞愧感的人多半在毒品、酒精、暴飲暴食、抑鬱或焦慮之間掙扎。另一方面，罪惡感反而可能激起好奇心，讓人們從中習得教訓，進而自我改進和成長。罪惡感教導人勿重蹈覆轍。

大衛淪陷於羞慚風暴中。向來都不求人的獨立個性，使得現在處處需依賴別人協助的他感到極度不適。內心海鞘主導了思維，不希望自己是個累贅因而開始遠離人群。愈感到自己可悲，就愈是拒人於千里外。

回首過去日子，每當看到父親時特別感到羞愧。「面對父親，我覺得無比丟臉，我讓他失望了，我痛恨自己。」他的父親已經整整三個月無法工作，只為了好好照顧受傷的孩子。厭惡自己的無能而拖累父親，羞愧感累積得更加沉重。其實天下父母心，都會義無反顧地以孩子為優先。大衛也知道如果自己有孩子，也必定無怨無悔地為子女付出。

特別是西方國家的現代社會普遍存在一種奇怪的習慣，每當人們感到沮喪時，就更加想逃離唯一能導正這個問題的自我族群。愈是沮喪就愈斷絕與人的聯繫。許多人的反應和大衛一樣都令人費解：他樂於助人，幫助別人讓他感到快樂，那麼為何不願意讓別人幫助自己，讓別人得到助人為樂的成就感呢？羞慚讓他隔離自己，為逃避親友的幫助而自掘洞穴，愈挖愈深。

需要別人的時候卻反其道而行是個奇怪的習慣。因為窘迫或羞愧觸發了焦慮。內心的海鞘想要逃避這種感覺，結果就變成「抑鬱而封閉自己」。焦慮感原本是為了激發行動，讓人尋求安全處所或族群庇護，找到可靠的後盾及帶來安全感的人。然而事實是這樣嗎？很多人覺得焦慮時，反而因為覺得自慚形穢而更加退縮，遠離人群。

逃離支援是奇怪的習慣

很多人覺得焦慮和抑鬱是不同的事。約翰・海利在《照亮憂鬱黑洞的一束光》一書中提到我們不可能區分這兩者。美國最重要的生物醫學研究機構——國家衛生院，已停止資助將抑鬱症和焦慮症作為不同診斷的所有研究計畫。美國有五分之一的成年人因為精神問題而服用藥物，其中抑鬱和焦慮是罪魁禍首。

海利將抑鬱和焦慮視為同一首歌的不同翻唱版本。抑鬱是較為悲觀的版本，由一群皮膚蒼白，染了一頭黑髮的憂鬱小子組團演唱。同一首歌由鞭擊金屬樂團嘶吼唱出就是焦慮版本。雖然是相同的音樂，但聽起來的感受完全不同。唯一不變的是，藉由族群帶來的安全感，無論抑鬱或焦慮都可改善。

好奇地去發掘自己之所以逃避的原因，能幫助建立新的習慣迴路，讓人們願意尋求及接受他人的協助。懂得感激，與人保持聯繫，並且繼續傳承這股良善的力量，能將所有人的心串連在一起，幫助受苦的人不至於陷入更深的孤獨及抑鬱中。

至於大衛，他最終決定應該要做些什麼，於是成立了「兩足基金會」，幫助人們走出創傷，並且讓曾經受到相同遭遇的人彼此聯繫，分享經驗。他同時也主持了一個廣播節目，協助地區醫院展開兩足支援群組，聯繫受創者並且進行心理輔導。行動讓你得到答案，這個大塊頭從自己挖掘的地洞中爬出來，也幫助其他相同遭遇的人重新振作。

當受到挫折時，想逃離能提供支援的族群是一件奇怪的習慣。每個人都需要族群帶來的安定感，當察覺處於困境中的自己出現逃避心態，就提示你應該展開好奇心，與他人保持更多的連結。

練習題

讓我們保有好奇心

- 當感到沮喪或悲傷時，你會聯繫誰？
- 什麼情況下你會感到羞愧？
- 這個世界以及你的族群，是否因為你的存在而變得更好？

【第13章】

✣害怕被嚇到

每個人都會受到驚嚇，但是我們的勇氣勝過恐懼。

——馬拉拉・優薩福扎伊（Malala Yousafzai）

大約在一百年前，有位名叫克萊兒・維克斯（Claire Weekes）的年輕女士即將成為澳大利亞歷史上首位女性科學博士，這位準博士卻在一九二七年出現扁桃腺發炎的症狀，接著體重開始減輕、心悸。肺結核在當時是一種令人聞之色變的可怕疾病，在缺乏足夠證據的情況下，某位醫生居然做出她得到該病的診斷，並且將她送往城外的療養院。

飽受驚嚇且孤單的克萊兒，滿腦子都是自己就快死的念頭。在療養院待了六個月後，她的健康狀況比剛進來時更糟。每天焦慮地在「恐慌症」中掙扎。不過當時並沒有恐慌症這個名詞，她將自己的病症稱為「病態神經」。

某天她和剛打完第一次世界大戰的朋友談到自己的症狀，朋友聽完後對她說，部隊裡也有一些因為戰爭而出現「彈震症」的士兵，日益嚴重的恐慌感讓他們出現和克萊兒一樣的生理症狀。朋友從那些士兵身上學到的事，對克萊兒造成改變一生的重大影響。即使已經離開戰場，士兵們的心跳速率仍然降不下來，掌心不停地流汗，而且每天都覺得危險迫在眉睫。這些症狀引起克萊兒科學研究的好奇心，她想知道關於那些問題有沒有什麼好的解決辦法。朋友的回答不僅幫助克萊兒度過療養院的可怕日子，更提供了處理恐懼與焦慮的方法。

朋友到底從那些士兵身上學到了什麼？「**向恐懼打開心門！**」

朋友繼續解釋：「**不要對抗恐懼，隨它漂浮而去。**」這句話啟發了克萊兒，她聽從朋友的建議，並且發展出一套面對恐懼和焦慮的處理方法。這套方法包含以下四個重點：「面對、接受、漂浮、讓時間流逝」。

藉由這四字箴言，她學習認知感到焦慮時身心出現的第一個徵兆（面對），接受那種不舒服的感受，然後讓感受漂浮起來，如同天空的浮雲，最後讓這種感受隨時間過去而消逝。開始這麼做之後，她的病症很快就復原，而所謂的「病態神經」則學習與之共存。不再需要為什麼事感到恐懼。

因為害怕而恐懼

二〇〇〇年初澳大利亞的另類搖滾樂團「凱特之事」提醒了人們，有很多事我們自以為最先發現，其實老早就有人想到了。人們創造出像是創傷後壓力症候群（PTSD）、注意力不足過動症（ADHD）、強迫性精神官能症（OCD）這些名詞之前，克萊兒・維克斯這類科學家早已經對恐懼、焦慮，以及人們如何處理這些情緒等事情進行了研究。就連維克斯博士也不是最先想弄清楚這些情緒讓人們出現何種反應，以及造成哪些影響的人。

《活出意義來》一書的作者，二戰納粹集中營倖存者維克多・弗蘭克用很美的幾句話總結：

「有件事你無法從我身上剝奪走，那就是我能選擇如何回應你對我所做的一切。無論在任何情況下，人類最後的自由就是選擇用什麼態度面對。」

早在這些五花八門的心理學術語被人發明的數千年前，羅馬人和希臘人就知道如何面對它們。塞內卡曾說：「想像出來的痛苦遠超過真實遭遇。」瑞典有句老諺語是這麼說的：

「擔心經常為小事帶來大陰影。」

所以我們從以上學到什麼？害怕自己會恐懼是個奇怪的習慣，由來已久。

救救你自己的神經

時間快轉到四十年後，維克斯博士在科學界已經享有盛名，在演化生物學上有了新的理解，尤其擅長研究爬行動物。攻讀醫學的她也成了一位全科醫生，幫助病患對付「病態神經」更獲得無數好評。

在她二十多歲時，從退伍的朋友身上學會擁抱恐懼，加上非常熟悉我們的演化系統如何運作，這些經驗都成為醫療工作時的重要基礎。一九六二年，五十九歲的她出版了第一本書，之後同系列的五本書都暢銷全球。《自救你的神經》（Self-Help for Your Nerves）一書中，她批判了佛洛伊德心理分析（例如躺在長椅上，討論性和童年的那類方法），以及行為主義者（例如本書稍早曾經提到的桑代克和史金納）。她認為這些方法都沒有幫助，因為它們只是遮蔽了恐懼，而不是真正面對與接納恐懼。

到了一九七〇年，她的理論發展更加完善。她寫下：「**緊張的人必須了解當感到恐慌時，心中出現的並非只有一種恐懼，而是兩種不同的恐懼。我將它們稱為第一和第二種恐懼。**」（在科學上她是專家，但在行銷上維克斯博士比較像日本收納教主近藤麻理惠。）

她解釋第一種恐懼是生物學上出現的「戰鬥、逃跑或呆若木雞」反應，這個部分我們無能為力改變。第二種恐懼則是對第一種恐懼做出的反應，這部分我們能夠決定要怎麼做。對許多人來說，預設的習慣迴路就是對抗恐懼反應，不然就是進入百分之百的海鞘模式，分散自己的注意力以迴避，「這感覺很糟，我們快逃吧」。

維克斯博士表示，很久以前百分之百的海鞘模式還能派上用場，但現在已不管用。她說自己的病患並非因為人格有缺陷，或有著受虐的童年，才遭受「病態神經」之苦。造成問題的原因反而出在病患們都有逃避恐懼的習慣，以至於症狀惡化。或者因為經常心驚膽顫而讓神經系統變得過度敏感。

自在地與第一種恐懼共處，是減少第二種恐懼的方法。一九八〇年的時候，蘇珊・傑佛斯（Susan Jeffers）寫了《恐懼OUT：想法改變，人生就會跟著變》這本書，書名正是處理第二種恐懼的最佳建議。因為覺得憂慮而感到憂心忡忡，是人們需要去克服的奇怪習慣。

在某次採訪中，已經八十多歲的維克斯博士被問到是否曾經歷過恐慌發作。她回答：「是的，我的確經歷過你們所謂的恐慌症。事實上，我現在仍然有這個問題。有時會從睡夢中驚醒。」看著採訪者臉上露出不可思議的神情，她繼續說：**「你可以把同情心留給別人，我不需要也不想要。所謂的恐慌症只不過是腦袋裡普通的化學物質暫時跑錯地方，它對我來說沒有任何特別的意義！」**

練習題

讓我們保有好奇心

- 當感到憂鬱時，你會有什麼生理反應？
- 向恐懼打開心門對你來說是什麼意思？
- 為了逃避恐懼，生活中你會躲到何處？

【第14章】

✣醫生會治好我

花如果不開放，要做的是改善花生長的環境，而不是花本身。

——亞歷山大・登・海耶爾（Alexander den Heijer）

維克斯博士在幾十年前就明白感到焦慮並非代表那個人出了什麼問題。無論是焦慮、悲傷、恐懼或擔憂，都只是處於這個複雜世界中，人們對生活做出完全合乎邏輯的合理反應。然而這些年來，社會與醫學界開始出現一個奇怪的習慣，對正常的生理或精神反應冠上醫學化的名稱。例如用廣泛性焦慮障礙（GAD）這個病名形容覺得焦慮的人。小朋友不肯專心地乖乖坐著，就是得了注意力不足過動症。任何長期的感覺悲傷被診斷出得了抑鬱症。我並不是指這些病症不存在，醫生們的診斷大多數都是正確的。只是覺得這些出於善意的醫生們，似乎都有一種奇怪的習慣，想說服所有的人一定是哪裡出了問題，需要服用鎮靜劑、聰明藥或百憂解等藥來控制病情。

有次我去醫院進行年度例行體檢，只是隨口提了一句覺得自己有些提不起勁。我的事業蒸蒸日上，太太和女兒身體都很健康，我還是如同往常一樣做自己感興趣的事情。要知道在那個時候，我經營驗光配眼鏡的事業已經超過二十年了。每天的工作就是重複地問：「哪個比較清楚？左邊還是右邊？」同一句話至少說過九百五十萬次。我肯定過著海鞘模式的生活，無聊但至少簡單容易的生活。我只是敷衍交差地過日子，失去包含一致、靈活、堅定與同理心等四個因子的「在乎」態度（關於CARE，第二十章會進一步討論），已經不再像從前那樣對驗光工作充滿熱忱。難怪會感到提不起勁。

當下不經意地說出那句話，我只不過不像平時表現得那麼帶勁而已。經過三分鐘左右沒什麼意義的問答，醫生也找不到有什麼毛病。「試試這個藥好了，看吃了之後有什麼反應。」醫生說完這句話後，就結束了總長十二分鐘的診療時間。離開醫院時我拿了立普能錠，它能夠提升血清素以便改善沮喪的情緒。

血清素是人類「來自內部驕傲」的荷爾蒙，它讓你知道自己是安全的，沒什麼好擔憂，而且感到「足夠」。醫生開給我的處方藥，屬於選擇性血清素回收抑制劑（SSRIs），但是很多專家相信這類藥物遠不如藥廠和醫生期望的那麼美好。根據澳大利亞統計局的資料，有一百七十萬，占全國總人口數百分之七點八的澳大利亞人服用抗憂鬱藥物。對於希望幫助病患的醫生來說，這類屬於副作用相對較小的藥物，開處方時風險較低。不幸的是，立意良善不代表藥物的療效也都能如預期。通往安慰之城的道路，就是用善意所鋪設而成的。

⊕改變「習慣」的生長環境

約翰．海利的書《照亮憂鬱黑洞的一束光》幫助那些感到焦慮抑鬱的人找到希望。他和許多科學家都認為所謂神經化學出現瑕疵導致了化學物質失調，而使人出現焦慮和抑鬱症狀的假設大有問題。書中他引用普林斯頓大學安德魯．史考爾教授（Andrew Scull）的話，指出將造成抑鬱症的原因歸咎於血清素不足，「完全是誤解而且不科學」。

倫敦大學的腦化學專家，喬安娜．蒙克利夫教授（Joanna Moncrieff）表示，完全沒有證據可支持化學物質失調會造成焦慮和抑鬱症。她說科學界根本不知道所謂化學物質平衡的腦袋到底長什麼模樣。在《化學療法的神話》（The Myth of a Chemical Cure）一書中，她對於腦中化學物質失調引起精神問題的想法嗤之以鼻。

腦中化學物質只不過是對於所處的世界發生了什麼事，以及你對它們有什麼看法的回應。不需改變世界，只要改變腦中化學物質就好的這種神話出自於製藥工業。就像是一盆被棄置於照不到陽光的陰暗角落，土壤貧瘠且根系糾結無法伸展的植物，絕對不可能只靠每天噴灑某種液肥就能讓它起死回生一樣。你必須改變它的生長環境，修剪掉壞死的枝葉，把它移植到有肥沃新土的更大盆中，加上充足的日照，如此一來它才有重啟生命的機會。

藉由把藥賣給憂鬱者，藥廠賺進大把鈔票。此外，這些藥廠還資助能證實藥效的研究。任何研究報告若敢質疑藥物作用，它們絕對比黑幫裡的告密者更快被消失。所以民眾看到的資訊，就會像肯德基打著吃咔啦雞腿堡能讓人瘦身的廣告一樣。在製藥業的審查下，有超過四成的研究報告永不見天日，科學家們承受著極大壓力才能提交出藥廠想要的成果。我並沒什麼資格來評論這些大藥廠的道德問題，只不過覺得我們應該仔細想想，一出現精神健康問題就用吃藥物來解決，真的好嗎？

醫生的內心也住著海鞘

醫生開立抑鬱藥這件事提示了我應該好奇地想清楚。對於任何住在那個獨角獸放屁會變成彩虹，所有人都和善，每件事都如意的路克島的人來說，抑鬱症這件事絕對有如晴天霹靂般地不容小覷。於是我決定服用血清素，看它能有什麼作用。血清素能讓人想和別人聚在一起，同時會因作為群體的一分子而感到快樂。從原始穴居人的立場來看，血清素這種化學物質能讓部落凝聚在一起，出現史前版本的我為人人，人人為我的安全感和幸福感。「做自己真好，好高興我在這裡」，感覺棒極了，我們都要那個東西。醫生，趕快給我吃藥！

我能理解為何許多全科醫生都沒能搞清楚，因為對於每位病患他們只能分配八到十二分鐘診療，除了問診還要做一些檢查，看看能否解決問題。怎麼可能在那麼短的時間內，理解病患為何在焦慮抑鬱中痛苦掙扎。醫生也是人，他們的內心也住著海鞘。對於這些讀了幾十年書，學識豐富的專業人士來說，如果不能幫助人，內心一定會覺得既挫折又難過。這時內心的海鞘就會想辦法讓他們感到舒服些：在病歷上開些處方，是最熟悉且阻力最小的路徑。至少能讓他們覺得好歹做了些什麼事。

為自己編個有幫助的故事

至於我呢，差不多持續服用了立普能錠三週（因為處方建議至少要那麼久才會看到效果），果真有感覺情緒變好了些。這時好奇心又被激起，難道我真的有抑鬱症嗎？於是開始重新檢視自己人生的各個部分。家庭很和諧，我有一票好朋友，經濟上也過得還不錯。不過倒是有兩個地方不怎麼滿意：工作上有些提不起勁，以及愈來愈胖了。沒辦法，我是易胖體質，腰腿肉永遠繃緊在褲管裡，而我向來又習慣以吃來化解壓力。每當工作上遇到壓力，最真實的海鞘模式就會叫我趕快大口吃一些巧克力餅乾，很快地就能得到滿足和解脫。

那段期間我正接受拳擊訓練。感覺上教練是個城府很深，難以揣測的人。他就像是《洛基》電影中的米奇教練，再加上克林・伊斯威特和尤達大師的綜合版本。我告訴他關於看醫生的事，並表示醫生的診斷讓我有些不安（很多年前，我對於錯綜複雜的精神健康知識可說是白紙一張），對人生也有些懷疑。我跟教練說，自己需要改變訓練計畫，體重也必須再減輕一些。教練最喜歡丟出發人深省的問題來，他問我：「你覺得自己是因為感到挫折和悲傷而發胖，或者因為發胖才感到挫折悲傷？」

我們聊了很久，教練點出我的問題就出自於看待工作的態度。自始至終我只看到工作上無聊單調的一面，不斷地跟自己講這份工作真無趣。正因如此，我已經失去最初經營事業時的熱情：鼓勵人們，指導與幫助客戶，同時帶動所有團隊創造最佳表現。這一切都是讓我熱愛工作的動力來源。變得只看到工作上無聊的那一面，憎惡它，完全忽視讓我熱愛工作的那一面。該是像個男人的時候了，不要再被工作時的挫折無聊糾纏，要把心和靈魂投入所熱愛的那部分。

如同替瀕死的植物換盆一般，我重新燃起熱情，除了成功減輕了幾公斤，也帶領工作團隊重振旗鼓。我重新規劃生活作息，縮減工時但確保工作時更加專注。工作再次讓我變得更好。回診時，醫生和我都同意停止用藥，看看是否會有什麼影響。

藉由好奇心的幫助，讓我改變看世界的方法。對於身處的世界，每個人必然都有自己一套故事。教練讓我知道就算編故事，至少也應該編個有幫助的故事。

這次事件讓我了解到對某件事情的看法，以及如何回應它，保持謹慎的思慮非常重要。我永遠都感激那位好心的全科醫生，他開啟我對演化生物學、壓力及大腦等知識的探索學習之門。這些美好的知識有如無底洞，至今已過了五年，我還不知道洞底在那裡。但至少我學到找出問題根源有多麼重要。保持好奇的態度，重新設定看待它的方法。

練習題

讓我們保有好奇心

- 從什麼事情上你能感到「由內心來的驕傲」？
- 人生中什麼地方需要換盆換土重新植栽？
- 生活中的某件事，你是否關注其症狀而非造成的原因？

【第15章】

擔憂，看看這樣有沒有幫助

擔憂就像搖椅：它讓你有事可做，卻哪兒都去不了。

——爾瑪・邦貝克（Erma Bombeck）

一些奇怪的習慣偽裝成讓你表現得好像一個關心他人的好人。舉例來說，感到擔憂就是其中之一。九〇年代澳大利亞導演巴茲・魯曼（Baz Luhrmann）是這麼描述擔憂的：「它就像是用嚼口香糖來解代數程式一樣有效。」但是要注意了，如果擔憂、反芻思考或杞人憂天是你所選擇的習慣迴路，那麼一旦深陷這個循環中，你可能就永無翻身之地。

情形有點像是這樣：

- **提示**：兒子沒接電話。
- **行動**：開始擔心、恐慌，往最糟的地方想，他會不會摔死在水溝裡了。
- **結果**：覺得極度的焦慮和恐懼，但好歹這麼做代表我關心他。

賈德森・布魯爾博士在《鬆綁你的焦慮習慣》介紹了許多種有效且容易執行的小技巧來處理人們的焦慮習慣迴路。他說：「**我突然靈光乍現，了解為何有那麼多人無法認識自己的焦慮，原因之一就是焦慮隱藏在其他壞習慣中。**」

感到憂慮的人可能早已習以為常，擔憂就是日常生活。從未想過是否有其他可能選擇，甚至已經成為自己的人格特質。

每當被焦慮觸發時

我的朋友柔伊已經被焦慮困擾了許多年。她是歐洲人，嫁給來自澳大利亞的先生後，年輕的家庭自然就在澳大利亞定居下來。除了照顧三個孩子，柔伊還得忙於咖啡店的工作，處理生活中一堆雜碎瑣事，調度員工之間的問題。英語並非她的母語，所以兼顧工作與家庭外，還得適應語言和文化的差異。融入先生的交友圈對柔伊來說並不容易，思鄉之苦讓她覺得孤寂，累積的壓力愈來愈大，更感到焦慮。再加上持續的偏頭痛，讓她覺得一切都是自己的錯，漸漸地連自己的朋友都開始疏離。她變得愈來愈神經緊張，一點風吹草動都會讓她驚慌失措。事情非改變不可。

焦慮和憂心忡忡已經變成柔伊的特徵。她自認為是個容易焦慮的人，這種奇怪的習慣深植心底，讓焦慮成為她身分不可切割的一部分。「我的名字叫柔伊，有棕髮碧眼和焦慮。」

我送她一本我的書《重新設定》（RESET），告訴她一定要改變對焦慮和憂心的看法。我們一起討論怎麼做才能重新建立一種沒有責難，不需怪罪或折磨自己的新思考模式。我們必須讓焦慮不再代表她的人格特質，焦慮只是一種感受，而不是柔伊。

感到焦慮只是一種情緒，絕非人格特質。

第一步要先弄清楚什麼事情觸發她進入舊腦袋狗屎風暴中，並設法將它轉變成**抱持好奇的提示**。第一步非常重要，她必須明確地知道當憂慮出現時，身體有什麼感受。對柔伊來說，她感到胸口彷彿打了個結，接著雙拳緊握，肩膀也因為繃緊而僵硬，偏頭痛隨之出現，接下來的一、兩天什麼事都做不了。那種可怕的壓迫感讓她快要窒息，最後不得不在劇烈頭痛的情況下倒地投降。

當感受極大壓力時，身體的每個細胞都浸泡在皮質醇和腎上腺素中。這會讓新腦袋離線，無法正確地思考。我們必須讓身體各功能重新歸隊。

我對柔伊說：「想像在妳的手背上有個按鈕，每當感到焦慮被觸發時，按下這個按鈕能讓妳重獲平靜。妳會不會按下它?」

「絕對會!」她回答著。「我會像贏了吃角子老虎般地不停按它。」她的臉上露出微笑,原本緊蹙的眉頭也舒展開,不再緊握拳頭。

我向她解釋自己從史丹佛神經科學家安德魯・休伯曼博士身上學到的知識,那位教授表示人們身上並沒有能消除焦慮的按鈕,但是某個東西能發揮相同作用,那就是橫膈膜。

人類身上有六百多塊肌肉,其中橫膈膜這塊肌肉直接與下視丘連接。下視丘是大腦的一部分,掌控了包含心跳、呼吸或血壓等屬於自主神經系統所控制的生理功能。它像是大腦的特別助理,或者說是大老闆的守門人。由於橫膈膜是唯一直接與下視丘聯繫的肌肉,因此藉由調控橫膈膜能幫助平靜神經系統,中斷恐慌的惡性循環。

🌐 啟動好奇心,重新設定

我也向柔伊介紹了捕捉、等待、重置的觀念。在《重新設定》一書中,我使用一種源自認知行為治療的策略,幫助客戶處理焦慮、反芻思考及杞人憂天等情緒。以下就是大致的進行流程:

・**捕捉**：捕捉所有因壓力而出現的生理反應。例如心跳速率上升、覺得胸口處鬱結、掌心出汗等，它們都是維克斯博士所謂的「第一種恐懼」。我們需要用好奇與認同的方式注意這些反應，如同我們在習慣轉換章節提到的重點。

・**等待**：等待時仔細思考一下「我在想什麼？為何這麼想？這麼想有用嗎？」當出現以上思維時，好奇心就被導入了。

・**重置**：當電腦的工作量超過負載而當機時，人們會同時按下Ctrl-Alt-Delete鍵好重新開機。同樣的道理，我們也可問問大腦：「我能控制嗎？有沒有其他選擇？可以刪掉什麼？有沒有其他經過深思熟慮的習慣迴路更能解決問題？」

於是我請柔伊用心感受每當焦慮時，身體所出現的生理反應。用鼻子吸氣，做個深呼吸，感覺腹部往外擴展，這代表橫膈膜正在工作。做兩、三個深呼吸，這麼做能讓新舊腦袋彼此聯繫。

接下來柔伊需要等待。如果能了解**自己在想什麼、為何這麼想，以及這麼想有沒有幫助**，就等同打開一個充滿好奇心的新世界，讓處於壓力情況下的自己，有機會用不同角度思考事情。

最後，我請柔伊進行重置動作。它就如同平靜地祈禱一樣：「**神啊，請應許我平靜地接受我所無法改變的事。賜予我改變所能改變事物的勇氣，以及清楚分辨兩者的智慧。**」

所以柔伊需要問自己以下問題：

- 我能控制什麼？
- 我能改變哪些事情？
- 有哪些事情一定要刪除？

我們不像電腦，當螢幕出現轉個不停的小圈圈時就知道它出現問題了。柔伊有的只是胸口鬱結，被壓迫得喘不過氣來的感受，這時就提示她要啟動自己的好奇心。現在她有新的計畫，捕捉到擔憂時身體出現的反應，跳出原本焦慮的習慣迴路，最後重置自己，用好奇的態度思考更多選項的可能。新的習慣迴路幫助她重新聯繫舊腦袋和新腦袋，讓她能更謹慎地抉擇，而不是卡在原本焦慮的死胡同裡。

還記得第二章我曾提到連接黃金海岸到布里斯本，取代原本蜿蜒舊路的M1高速公路嗎？我也將這個比喻告訴了柔伊，請她為自己「建一條新的高速公路」。

幾週後我收到她的簡訊：「**現在我已經有自己的多線道高速公路了。養成腹式呼吸的習慣，讓我每當感到壓力時，能用捕捉、等待和重置的方法面對它們。謝謝你。**」

練習題

讓我們保有好奇心

- 感到焦慮時會「觸發」你哪些習慣？
- 擔憂時，身體最先出現的現象是什麼？
- 腹式呼吸在什麼時候能幫助你？

【第16章】

餵養怪獸

食物是最常被濫用，也是最無用的焦慮藥；而運動則是最少被使用的抗抑鬱處方。

——比爾．菲利普斯（Bill Phillips）

作為有三個青春期男孩需要照顧的單親媽媽，蘇菲亞必須抓住任何能賺錢養家的機會。長時間工作的結果讓她感到精疲力竭，完全依賴咖啡因、腎上腺素、酒精和玉米片才能繼續撐下去。早已不記得上次去健身房是何時的事，對她來說，目前唯一的運動機會，就是走到廚房拿瓶葡萄酒或多力多滋玉米片吧。已經好幾個月沒和朋友聯繫，最近一次約會也不知發生在幾年前。身材發胖，似乎每件衣服都縮水一般。

每個週一早晨，五點鐘不到蘇菲亞就醒了。整夜輾轉反側，睡眠品質極差。她發誓為了自己的健康及生活品質，日子一定要有所改變。何嘗不想好好替自己弄頓營養的早餐，無奈卻發現時間根本不夠用。為了讓男孩們準時到校，只能匆匆地抓一塊鬆餅塞進口中，再猛灌幾大口咖啡，同時督促孩子趕快坐上車。十一點鐘時正在公司忙得焦頭爛額。老闆不出意外地也是脾氣暴躁的傢伙。她的壓力桶已經滿到不能再滿，只能藉由暴飲暴食來平撫長期浸泡在皮質醇中的緊張身體。

經過一整天辛苦又緊張的工作，絕不可能有誰下班回到家還會興奮地說：「我現在需要節制地吃些芹菜莖和無脂的鷹嘴豆泥來犒勞自己一下。」累得半死地忙碌了一天，腦袋和身體都已不堪負荷，這種時候肯定希望能讓自己舒服一點。

食物可以減緩焦慮？

美國心理學會針對人們最常用於處理壓力的方式做過調查，發現藉由吃吃喝喝、購物、看電視、上網以及打電動等方法，能刺激大腦的獎勵系統分泌多巴胺。這些事情才是人們首選的紓壓方式。

當感到不舒服時，內心的海鞘會尋求能讓自己好過一些的解決方法。喝酒、吃巧克力或雙份乳酪玉米片都能帶來即時的安慰，但是多巴胺棒棒糖並沒有辦法實際處理長期處於壓力下的化學物質造成的影響。

精神科醫生比爾・菲利普斯將食物形容為世界上最常被濫用且根本無效的焦慮藥。對於焦慮感來說，攝取糖分如同火上澆油。但因為舊腦袋吶喊著需要什麼東西好讓自己好過些，所以人們仍然不停地這樣做。

我們已經談論過皮質醇這種壓力荷爾蒙。伴隨著腎上腺素，這些化學物質幫助人類對抗劍齒虎。無論戰鬥或逃跑都需要能量，而皮質醇能號令肝臟釋放所儲存的葡萄糖到血液中。如此一來人類就有力氣跟老虎拚命或逃命了。這套系統聽起來不錯吧。對於一萬年前的原始人來說的確如此，但現在已經沒有劍齒虎了，人類在大多數場合也不再需要戰鬥或逃跑。那麼血液裡突然湧現的糖分要何去何從呢？這時糖分就會對胰臟發號施令，讓它分泌儲存油脂的胰島素。於是肝臟釋出的過多糖分，經由胰島素的作用，把它們從血液中轉變為脂肪，並且儲存在腹腔，它們就是包裹在腹腔諸多內臟周邊的脂肪。這些是有礙健康的壞脂肪，而許多長期處於壓力情形下的人，都有過多的內臟脂肪。

為安慰自己所吃的食物形成高糖分系統，等於堆積脂肪。

藉由食物來減緩緊張焦慮是一個奇怪的習慣，造成一種壓力——糖分——胰島素——脂肪的循環模式，助長了肥胖症成為一種流行病，造就許多和蘇菲亞一樣體重過重的人。

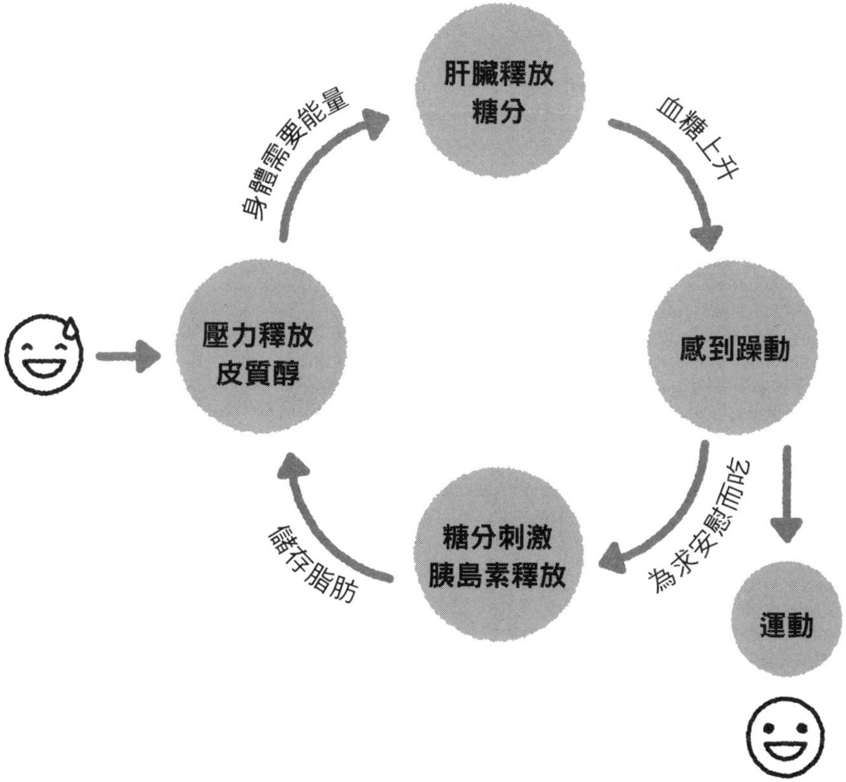

圖16-1　壓力—糖分—胰島素—脂肪循環

為完全掌握身體對壓力的反應，我們需要知道人類的壓力反應原本是設計用來應付不同的情況。我在這本書剛開始就提過，人類經歷了數千年的演化過程，然而壓力反應並沒有與現代生活並進。它能讓人度過短期的緊急狀況，但對於有個壞脾氣的老闆、生活艱辛的單親媽媽蘇菲亞來說卻沒多大幫助。

面對可怕的劍齒虎時需要大量的能量，因此緊張的身體對於血糖降低這件事十分敏感。研究發現一旦血糖濃度不夠，人們在面對必須處理的困難事務時，意志力也會變得不足。當血糖都被拿去餵養壓力這頭怪獸而濃度下降後，內心的海鞘會驅使人們打開冰箱，找尋食物好讓自己再次感到舒服些。

試試「吃空氣漢堡」

要怎麼做才能跳脫這個循環？不再搭乘血糖和壓力程度忽高忽低的雲霄飛車？我們需要經由深思熟慮後建立新的習慣迴路。需要轉換因為壓力而出現的飲食舊習慣，重新找到能幫助自己達成目標的習慣。第三章裡我曾在可樂及巧克力餅乾中掙扎過，為了不被躁動不安所困擾，找到內心的寧靜，我戒除吃餅乾的舊習慣，仔細思量後建立了兩分鐘腹

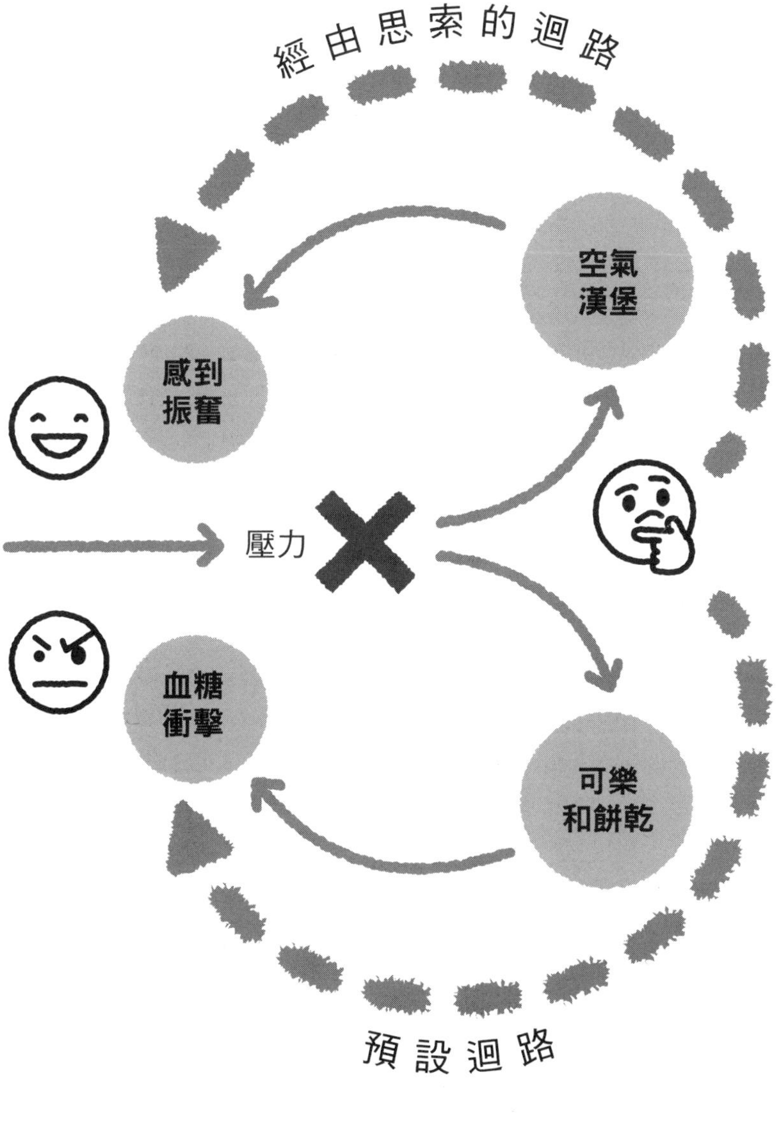

圖16-2 把可樂和餅乾換成空氣漢堡

式呼吸的新習慣。我將腹式呼吸稱為「吃空氣漢堡」，它幫助我擺除卡路里和血糖高低起伏，達到真正的心靈平靜。

關鍵在於心情尚未平靜下來，仍然有戰鬥或逃跑的衝動時，不要吃東西，尤其是高糖分的食物。運動是另一種能有效解除壓力的好方法，它還具有加速糖分燃燒的額外優點。

壓力是好事，它讓人們有能量把事情搞定，遭受威脅時能夠存活下來。只要能安撫戰鬥或逃跑的反應，或者做做運動，血糖和胰島素就能回歸到正常的範圍。

如果你也想讓體重減輕個幾公斤，或者改變原本的思維習慣，那麼不妨這樣告訴自己，運動就像是精神健康的蝙蝠俠，以及瘦身的羅賓。

「搞什麼鬼」效應

只要是曾經想讓自己瘦個幾公斤的人都知道，保持新的飲食習慣有多難。好不容易展開規律運動和新的飲食作息，某天受到誘惑，之後就把持不住了。只吃一小片餅乾就好的念頭在心裡萌發，不知不覺就吃掉一整包。轉眼之間原本完美的瘦身計畫就此破功。

壓力及運動研究者凱莉・麥高尼格把這行為稱作「搞什麼鬼」效應，她發現當人們意識到自己失敗了，腦袋就會想辦法將它合理化，所以乾脆就算了吧。

不僅是節食中的人亂吃了什麼東西後會觸發「我在搞什麼鬼」效應，改變舊習慣是需要極大意志力和努力才能達成的辛苦工作。不幸的是壓力、睡眠不足或者胡思亂想，都會增加意志肌肉的負擔，形成我們在第二章提到的無限迴路。

每當覺得失敗時，心中第一個出現的想法就是感到羞愧及失落，它能徹底摧毀原本擬訂的新計畫。曾經有個略微卑劣的實驗，藉由在體重計上動手腳，讓所有想要減重的參與者真以為自己的體重不但沒減輕反而增加了二點三公斤。這樣的結果並沒有讓實驗參與者更嚴苛地控制飲食，反而因為想平撫內心的失望與罪惡感，藉由吃東西來讓內心的海鞘開心一點。這是在搞什麼鬼啊？

我深信一句話：「沒有任何人比得上我讓自己失望來得更加失望。」一旦我不能成功地戒除舊習慣，內心的播報員就會即時插嘴：「你看，我不是早就說不會成功了嗎！」在第七章自我對話時，提到每個人內心都有個什麼事都喜歡認為自己是對的小小版本自我。若是結果不如預期，至少內心還有個自己沒錯的聲音能帶來些許安慰。

其實有些方法能讓我們保持在軌道上，避免出現搞什麼鬼效應。其中之一就是保留容錯空間。替自己計畫中保留可能出現偏差的空間，同時接納它為人性中的一部分。「事前驗屍」能幫助建立容錯空間。習慣大師詹姆斯・克利爾為自己例行的運動計畫安排彈性做法就是很好的範例，他的原則是：「不能連續兩天缺席」。為自己的新習慣保留容錯空間，較不會因為改變而出現罪惡或壓力，幫助你養成新習慣迴路時不致脫軌。

蘇菲亞知道壓力是一個怪獸，用糖、酒精或咖啡因餵養它是個奇怪的習慣。只要仔細思考真正想得到的獎勵，就能轉換習慣迴路，保持心靈平靜，身材也不會走樣。

練習題

讓我們保有好奇心

- 你用哪一種多巴胺棒棒糖餵養怪獸？
- 讓你保持心靈平靜的新習慣迴路是什麼？
- 如何終止「搞什麼鬼」效應？

【第17章】

✣清醒的習慣

我喝酒是為了讓其他人看起來更有趣。

——厄內斯特・海明威（Ernest Hemingway）

「你說你不喝酒是什麼意思？真是膽小鬼，先乾了這杯啤酒再說！」過去半年內和朋友相聚時，這句話我不知已經聽過多少次了。飲酒對於澳洲人來說，似乎是一種牢不可破的社會契約。我想知道在好奇心的協助之下，這種習慣能否被改變。

麥爾坎・葛拉威爾（Malcolm Gladwell）所著的《解密陌生人》是我最喜歡的書籍之一，其中一章探討了美國大學生在酒精催化下的性侵事件。葛拉威爾提到許多關於性侵的法律訴訟案件都難以釐清事情真相，主要的原因就是雙方都不記得了。

在酒精的影響下，我們的大腦到底發生了什麼事？葛拉威爾發現第一個受到影響的部位就是前額葉皮質，換言之，就是新腦袋。我們都知道它負責擬訂計畫，激發各種結果，讓人們做出最佳抉擇。一旦酒精讓前額葉皮質下線，即使最嚴肅的人也會變得滑稽起來，害羞內向的人變成搖滾明星，讓人真心地想跳起舞來（我絕不願意讓任何人看到我跳舞的拙樣）。

第一杯酒喝下肚之後，人們做出複雜決定的能力就開始降低，是非黑白的拿捏更難掌握。它命中頭腦的獎賞中樞，接著把原本需對周遭環境保持警醒，提防危險發生的恐懼中樞杏仁核敏感度往下調降。

喝完了首輪，心中已不再有所束縛，因為酒精減弱了對未來規劃的能力，新腦袋停止運作，恐懼反應也不再靈敏。這解釋了為何酒醉的人總是會幹些蠢事。一會兒後又喝了三、四杯，小腦開始受到影響，行動變得不協調。接著最讓我感興趣的地方來了，當血液中的酒精濃度達到百分之零點零八左右，海馬迴這個記憶中樞便開始掙扎，對近期內發生的事喪失記憶。很久以前發生的事我們仍然記得，但是因海馬迴下線，使得我們記不住剛才發生的事。海馬迴就位於舊腦袋深處的杏仁核旁邊。這兩個中樞之所以靠得那麼近，就是為了讓人在做了什麼蠢事或危險舉動之後，能夠牢牢記住以避免重蹈覆轍。喝了酒會讓記憶中樞放假去，這絕非好事。

當清醒的我身旁圍繞著喝醉酒的朋友時，注意到他們開始不斷地說重複的話。對於一群豬頭來說，相同內容的故事一說再說並不造成任何困擾，反正每個人也都忘了剛才誰說了什麼話。短期記憶中樞下線，大家都變成金魚，說不完的同樣故事永遠不會聽膩。不過對神智清醒的人來說就不是那麼一回事了。

一旦血液中酒精濃度達到百分之零點一五，記憶中樞就完全關閉。每一瓶伏特加的瓶底都會出現恭喜獲得免費記憶力喪失的獎項字樣。「昨晚真是棒極了，我完全不記得發生了什麼事。不過在我的記憶力還能正常運作前，我們玩得真開心。」

有什麼意義？

讀完《解密陌生人》後我有所頓悟：「如果昨晚喝完酒後我什麼都不記得，那麼有什麼意義？」

在心理學及經濟學上有個觀念叫做「報酬遞減法則」，指的是連續增加投入要素，卻造成產量遞減的結果。對我來說，酒精就類似以上狀況。

假設你受邀參加一場在豪華遊艇上舉辦的派對，將在美麗的熱帶地區度過一週美好的生活。周遭的人都是電影明星和超級名模，服務生會為你送上雞尾酒和令人垂涎三尺的美食。這樣的假期精彩極了，有趣的人們，有趣的話題，還有很多樂子可玩。唯一的但書就是在假期結束時，會出現一個身穿黑衣黑褲戴墨鏡的男子，拿出一種裝置把你在這段時間的記憶全部抹除。你還是可以感到宿醉，但是已不記得所有美好回憶。

問問自己，如果條件是這樣的話，你還想參加這場派對嗎？

我的答案是不會。既然如此，幹麼還要喝第五杯酒？

倫敦作家露比・沃靈頓（Ruby Warrington）是蘇打俱樂部的創始人，該組織在紐約舉辦無酒精的社交活動。而她的《清醒的好奇》（Sober Curious）一書正在改變人們與飲酒的關係。

過去三十年間每個週末我都會飲酒，但現在我有了自己版本的「清醒的好奇」計畫，已經持續了六個月，而且感覺好極了。用好奇的態度思考酒精對人的影響，我發展出一種稱之為「窗口」的概念，能讓我盡情享樂但不至於讓海馬迴下線，也就是說不要讓血液中的酒精濃度超過百分之零點零八。

無聊

不喝酒會出現一個奇怪的副作用，那就是被冠上「無聊」的標籤。不想每次都和相同的朋友去相同的酒吧，一遍又一遍地聽著老掉牙的相同故事，然而諷刺的是因為不希望這麼做被朋友罵你無聊，只好繼續乾杯，喝到完全不記得當晚到底好不好玩為止。有位朋友每當其他人認為他不喝酒很掃興時，他就會這麼說：「喝酒讓我覺得很無聊，不過對你們又沒差，反正你們都喝醉了。」

人們討厭感覺無聊，但是更不喜歡被別人認為不合群。在飲酒文化中，如果不和大家一起喝，以上兩種情緒會同時出現，無聊又不合群的社會邊緣人。

讓我們一起思考一下這種習慣迴路：

- **提示**：聯絡上朋友。
- **行動**：一起喝一杯，一杯又一杯。接著再繼續重複。
- **結果**：很有趣，直到沒有感覺為止；感到自己屬於群體的一分子，直到醉倒至完全不記得發生了什麼事為止。

飲酒算是「不變量獎勵」的最佳範例。起初喝了酒讓人感到放鬆不再拘謹，又能擴展社交生活，這些回饋讓喝酒漸漸成為一種習慣。一旦習慣開啟自動駕駛模式，即使原本讓人感到愉快的獎勵已不存在，人們仍然照喝不誤。

酗酒（以及消遣性毒品）最大的問題在於，它們會讓大腦的「門口保鑣」放假去，隨便什麼阿狗阿貓都能進入你腦袋這個夜總會。當喝到第四杯時，你已經陷入舊習慣迴路中，深思熟慮後建立的新習慣迴路不知去向。你想到什麼就要什麼，而且立刻就要它。即使是三更半夜，突然想吃烤肉串就一定要馬上吃到才肯罷休。

回頭看一下戴夫・馬斯泰恩，那個天生就愛生氣又不理性的人。酗酒加上嗑藥的習慣讓那位頗具天賦的搖滾明星無法發揮自己最佳表現。

「金屬刀」唱片公司的老闆布萊恩・斯拉格爾（Brian Slagel）在某次接受採訪時就這麼說：

「戴夫是個不可思議的傢伙，才華洋溢。然而他酗酒嗑藥的大問題同樣讓人感到不可思議。他浪費自己的天賦，變成不折不扣的瘋子，一個自大狂妄的憤怒者。周遭的人過不了多久就再也無法忍受他。我的意思是很多人都愛喝酒，但戴夫喝的比誰都多，多到誇張。喝到神智不清的戴夫讓所有人都受夠了。」

🌐 酒後吐真言？

有句古羅馬諺語：「**In vino veritas，酒後吐真言**」。大家普遍認為喝了酒會放大心中原本的情緒。原本就是快樂的人，那麼酒後會變成快樂的醉鬼。如果原本脾氣就不好，那麼酒後可能會出現暴力的攻擊行為。從某些層面來看，這種說法並沒有錯。只不過它並非全貌。

喝了酒的人會做出何種舉動視當下情況與場合而異。心理學家及酒精研究員克勞德・史提爾（Claude Steele）與羅伯特・約瑟夫（Robert Josephs）發明了「**酒精近視**」理論。他們發現酒精會窄化人們的感受與思維，讓人只能注意到當前發生的事。也就是說，酒精會讓人維持在短視的狀態，只會聚焦在當下覺得重要的事件上。

酒精近視理論說明了酒醉者只會注意當前有何需要，無視長遠的需求或計畫。喝了酒會讓人立即且支配性的思維模式占上風，不再有所顧忌的結果，就是想到什麼說什麼，無論這個主意是好或壞。也許在喝完第六杯調酒後，你突然需要「立刻」讓老闆知道他是個混蛋。誰會在乎這個點子好不好。

幾年前當喝酒仍然在我們的生活中占有重要地位時，我和太太凱倫偶爾會外出喝幾杯。

黃湯下肚後她可能會開始「變身」，意思是她會一反常態地發起火來，而矛頭全對準了我。她會變身成為百分之百的凱倫（套用她自己的話：「我的名字叫凱倫，我是溫柔可愛的。如果我變成百分之百的凱倫，這可是你自找的！」）

懦弱的人絕對沒辦法和我生活在一起。我有著百分之九十八的外向個性，活力充沛得像勁量電池兔子，再加上專注力和蟲子一樣短暫，如果希望婚後過著平靜的生活，我這樣的男人絕對不是理想好老公人選。此外我的溝通技巧很爛，又傾向「有，很好；多一點更棒」的生活態度（無論是朋友、食物、工作、運動或玩樂等），就不難想像過去這二十七年，我可憐的老婆要忍受我多少鳥事。我試著改變，不幸的是有時還是太激動了，沒注意到自己的行為對身旁的人造成什麼影響（尤其對於凱倫）。所以和我一起過日子的人，偶爾情緒失控也是情有可原。

喝了點酒，結果就把夜裡的小摩擦演變成口角爭執，實在是一種奇怪的習慣。我們一起坐下來，清醒理性且平靜地就事論事。我說出自己的感受，原本夜晚出遊的好心情全被爭執給破壞。而凱倫讓我知道因為我不斷地尋找刺激好玩的事，讓她覺得我一點也不在乎她。我們都是非常理性的人，而且個性都盡量避免衝突。問題就在於積壓在心裡尚未被解決的情緒，一旦讓人近視的酒精介入，就會得理不饒人地爆炸開來。結果就是一反常態地從壓抑衝突轉變成唇槍舌劍。

凱倫是愛爾蘭人。我們一起生活那麼久，她只有一次完全變身成為康納・麥葛瑞格（Conor McGregor，愛爾蘭綜合武術格鬥冠軍），我承認我活該。好在那次事件在她變回原本的自己後落幕，對於我白痴的行為兩人都一笑置之。那次幸運地逃過一劫，但我清楚地知道有些事必須改變。

把情緒挖出來

如同我們盡可能避免衝突的理性溝通模式，是非常值得以好奇的態度去建立的習慣。即使是自己心愛的人，相處時仍然可能因為溝通不良，或者未設身處地為對方著想，而出現一些無法解決的爭執或怨恨。像我和凱倫一樣理性的人會把不滿的情緒埋藏在心裡，而酒精則極有可能把它們全都挖出來。

因此我們需要轉換習慣，在每一個重要的夜晚外出前，先仔細思量地進行事前驗屍。把累積在心裡的不愉快，敞開心扉地互相討論。我們用冷靜且客觀的心態，藉由這種安全的機會把自己心裡任何想法、未被解決的困擾或者縈繞在腦中沒說出口的批評通通提出來。

凱倫最近讀到一句話：「**所有批評都是由希望偽裝而成。**」我非常喜歡這句話，於是兩人都決定如果對於對方有什麼不滿，不要把它藏在心中，要將它視為一種希望表達出來。凱倫希望我能想辦法改善溝通技巧，也要更有同理心一些。當我們心平氣和地對彼此開誠布公，之後就再也沒出現酒酣耳熱之際的爭吵事件了。

每個人依照自我基本設置的思想與行為模式，以及不被某些衝動所左右，造就獨特的人格個性。酒後吐真言確實呈現出某部分的真實自我，但並非全部。

抱持著好奇的態度能讓我們跳脫原本的習慣迴路，事前驗屍能預先檢視思慮，幫助我們了解原本的獎勵回饋已不存在，改變做法擬訂新的計畫代替。

練習題

讓我們保有好奇心

- 你和酒精的關係如何？
- 有哪一種事前驗屍策略能幫助你更謹慎地飲酒？
- 喝了酒後，你會吐出什麼真言？

【第18章】

成就成癮

並非所有面對的事都能被改變，但若是不面對它們，任何事都無從改變起。

——詹姆斯・鮑德溫（James Baldwin）

賈許真心希望能成為搖滾明星。熱愛音樂的他，打從孩提時代就開始學鋼琴、彈吉他，夢想未來有天能成為搖滾巨星，在全場尖叫吶喊的歌迷簇擁下登上舞台。

在學校裡，他是個很不受歡迎的孩子。並非像戴夫那樣因為脾氣暴躁而被討厭，但就是無法融入人群。只有小小的音樂世界提供他容身之處，在那裡他找到歸屬感，能夠宣洩精力與熱情，值得努力付出。雖然表演這件事讓他感到焦慮，但始終認為音樂這條路是自己的天命。

二十多歲時賈許總算弄出一點小成績，不過和戴夫・馬斯泰恩或「金屬製品」這種聞名全球的樂團相比仍望塵莫及。他的樂團屬於地區性，獲得小群眾喜愛的中小型樂團，和「眨眼182」有些類似。

剛開始時，賈許將自我價值與是否快樂全都建立在樂團的演出上。如果觀眾的反應有些冷漠，他便會怪罪自己，質疑自己是否不夠好。他用群眾看待他的方式決定自我價值。也許只是因為天氣不佳，或者演出的時間在週四夜晚，所以觀眾人數零零落落，但是賈許從不這麼認為。他形容那種典型的「自戀型創傷」讓他感到椎心之痛，覺得群眾的反應證實自己是個不受喜愛的爛歌手，歌曲很難聽。只要有一場演出的反應不如預期，他的自信心就如漩渦般被沖入馬桶，同時伴隨旋風式上升的焦慮不安。建立在他人看法上的自信心，始終像雲霄飛車一樣大起大落。

所幸的是，賈許生長在一個對於心靈運作十分熟稔的家庭。他的父親是一位任教於哈佛大學的精神科醫生，對於在腦袋裡打轉的思緒頗為了解。他自然看得出賈許因為搖滾明星夢而感到焦慮，於是決定幫助兒子面對七上八下的心情，以及糾結在胸口無法化解的不適感。

他是個聰明人，知道不該親自處理自己孩子的精神困擾。於是賈許在父親同僚的協助下慢慢認清自我。他發現只要對自我成就的期許少一點，心中的焦慮感也會隨之降低，變得比較快樂。

和許多樂壇新人一樣，認清自己永遠不可能達到邦・喬飛這樣的地位只是遲早的事。賈許開始重新思考自己為何想成為一個搖滾明星，以及是否真心期盼這樣的結果。得到大家的認同和喜愛是他的動力來源，之所以那麼努力練習，以便能在舞台上呈現最佳演出，就是想贏得觀眾青睞。當他抱持好奇的心態察覺到這件事時，就發現自己並非純粹地喜愛音樂而已。非常幸運的，藉由這樣的領悟，他發覺另一件更值得自己投入的事：心理學。最終他的樂團解散，賈許重新回到學校，學習有關心靈運作的課題。

當我詢問賈許，到底是喜歡音樂還是喜歡被人追捧的感覺，他猶豫了幾分鐘，似乎很難在兩者間選擇。他仍然喜愛音樂，將自己對音樂的喜愛轉向古典樂。他說：「我喜歡音樂的地方在於創作部分。現在我已經不再為演出感到迷戀，能夠隨心所欲地玩自己喜歡的音樂，不再為觀眾是否喜愛的反應產生焦慮了。」

🌐 不快樂的成就

成就感讓人快樂，理應如此。多巴胺和血清素這類化學物質讓人得到一絲快感，得到正面獎賞的腦袋於是決定「再做一次」。成就感容易讓人上癮，特別是成為搖滾明星這類光鮮亮麗的成就。

先前我們曾提到壓力對人類來說有兩種影響：動力及停止前進。它促使人展開行動，也可能讓人放棄。一旦皮質醇及腎上腺素這類緊迫荷爾蒙的濃度太高，就會讓人決定放棄。然而成就帶來的多巴胺，降低了皮質醇這些緊迫荷爾蒙的影響，即使面對艱困的工作，仍能保持前進的動力。面對焦慮帶來的壓力時，粉絲們的尖叫歡呼聲就如同多巴胺棒棒糖，能瞬間瓦解壓力。

問題在於有些人需要成就感，但是它們卻不能帶來任何獎勵。完成前項工作後繼續著手做下一件工作。賈許將它稱之為「不快樂的成就」。他說這些不快樂的成就者，將自我價值建立在所完成的事情上。他們覺得無論對自己或群體來說，自己是否能被愛、有價值或受到接納，完全取決於是否「做」了什麼事。

他這麼說：

「這些人對成就意味著什麼感到空虛。基於極複雜的原因，他們只是爲了讓自己覺得有價值而必須完成某事。完成什麼事不會帶來喜悅；它們只是必須做的事而已。一旦人們被迫做些事情好證明自我價值，就再也停不下來。停止完成就停止被愛。這是一種可怕的包袱。」

哈佛教育研究所在統計報告中發現，許多年輕人會將「達到最高標準」視為人生中最重要的事情。其他像是「照顧他人」「當一個快樂的人（大多數時間都感到快樂）」等選項所得到的票數都不到它的一半。可看出成就某事是一件重要且必需的事。但並不代表我們應該把它視為獲得自我價值，是否能與人連結或幸福的唯一動力來源。

既然成就那麼重要，就不難理解為何西方社會充滿那麼多不快樂的成就者。布芮尼・布朗博士在《脆弱的力量》一書中解釋，**愈有強烈愛與歸屬感的人，愈相信自己值得被愛和有所歸屬**。只不過多數人都被教導，必須做出什麼事讓自己值得被人愛，才能得到愛與歸屬。

認為愛與歸屬是偶發事件，實在是一種奇怪的習慣：

- 只有等我賺到三千萬之後才值得被人愛。
- 等我減輕四點六公斤後，才是個有價值，值得交往的人。
- 等我登上巨蛋舞台，而且歌唱得比U2主唱還棒時，才能快樂起來。

這些思維會讓人們自找麻煩。因為它代表著決定自我價值的因素並非取決於自己，甚至根本無法掌控。對所有人類來說，之所以值得被愛以及有所歸屬，是因為我們身為人類。如同布朗所說：「當人們能明白所有愛與歸屬以及自我價值，都是生下來就擁有，並非必須努力掙得的時候，任何事都可能發生。」

🌐 演化與價值

需要被人喜愛，以及藉由成就某事尋求自我價值，都是能理解的奇怪習慣。因為兩者都是演化下的結果。在遠古時代，孤獨的同義詞就是死亡。身為群體的一分子，同時對族群有所貢獻，老早就烙印在人類得以存活的基因中。無論你是否覺得奇怪，它都是不容置疑的事實。每個人都需要歸屬感。

如果你有孩子（或者朋友們的孩子），就能觀察到處於陌生環境時他們的反應。他們會離開父母四處探險，但每隔一會兒，一定會回頭看看爸媽是否仍緊盯著自己。孩子們想冒險，但他們也需要確保自己是安全的。知道背後有大人在，讓孩子們鼓起勇氣探索新事物。除此之外他們還很喜歡贏得大人們的注意。「你有沒有看到我剛才做了什麼？」像是《海底總動員》裡的小海龜們，每當做了什麼特別表現，都希望獲得大海龜的注意和讚美。

尋求肯定這種行為是人類腦袋中軌跡清晰的老路徑。人類天生就充滿不安全感，需要得到部落的認同與支持。因為那些太過於自信，總喜歡特立獨行的人，大多已經被劍齒虎吃到肚子裡。不安全感讓原始人在塞倫蓋提大草原存活下來。與自己的部落保持聯繫而獲得支持與安全感，是一套演化下很有效的系統。所以和大多數奇怪的習慣一樣，曾幾何時你的自我價值從原本身為族群一分子變成需依賴他人的看法才能得到認證？

一九〇二年時，社會學家查爾斯・霍頓・庫利（Charles Horton Cooley）寫道：「**我非我所想的這樣，亦非你所想的那樣。我是我們所想的樣子。**」

再讀一次這句話，如果庫利是對的，而我也認為他是對的，我們其實是將他人對我們的看法，包裝成自己的身分及價值。更精確地說，我們將自認為他人怎麼看我們的想法，包裝成自我價值。

七〇年代，正向心理學運動剛開始萌發，當時許多事件都被歸咎於自信心缺乏。舉凡學童們地理考不好，或者高犯罪率等都是如此。到了八〇、九〇年代，孩子運動比賽時已不再記錄成績，只要是參加者都能獲得一個參與獎項鼓勵。人們不再推崇追求優異的突出表現，名為保護自尊與自信而虛假地給予孩子們成就多巴胺。對我來說，那是個人人有獎的年代開始。

稍早時我們已經知道，成癮搭乘著多巴胺列車。只需少許多巴胺的刺激，就能驅使人們重複該項行為。如果無論有沒有努力或結果為何都能得到獎勵，豈非表示我們正在強化有關資格權利的神經路徑一點用處也沒有？

作為心理治療師，賈許注意到有些真正很有成就的人反而一點都不快樂。深入探討後他發現，這些人非常需要藉由成就某事來證明自己的價值，然而成就感稍縱即逝，讓他們感到必須設定下一個目標。奇怪的習慣！

回頭看一下我們的習慣迴路，以及福格建議要養成附加正向情緒的習慣（福格的陽光），就能發現需要他人認證的原因何來。當某件工作做得很好或者歌聲撼動人心，因而受到讚賞時，心情愉快的海鞘就會說：「讓我們再做一次吧。」

對賈許來說發生改變的是歸屬感、他對這個世界有何貢獻，以及世界是否因為有他而變得更美好。現在的每一天他都在幫助別人，養育自己的孩子，並且發揮心理治療專業幫助不快樂的成功人士換個角度認識自己的成就。

從錯誤的地方尋求認證

我有個奇怪的習慣就是向從不給予肯定的人身上尋找認可。在校期間尋求好成績，經營成功的事業，或者像現在這樣出版一本書，對部分的我來說都是尋找認可的方式。對此我也感到滿意。

第一次從父親那裡得到直接且明顯的認可時的情景，依然鮮明地歷歷在目。那年二十九歲的我，邀請住在澳大利亞的父母飛往英國和我一起歡度千禧年。我們一起到英國南部的度假勝地布萊頓打高爾夫球，其間提到自己運氣很好，在正確的時間來到正確的地點，因而將連鎖眼鏡行的事業經營得有聲有色。那時父親停下腳步，用手搭著我的肩，讓我轉過身面對面地看著他。「這與運氣無關，你做得很棒，努力工作，建立起令人讚嘆的事業版圖，我非常以你為榮。」這些話對我來說意義非凡，我激動得眼淚都快流出來，立刻給父親一個大大的擁抱。

父親生長在一個男人被要求不可輕易表露情感的時代，他們被教導要隱藏自己的情緒，勇往直前就對了。因此對他來說，無論給予或接受讚美都是十分陌生的事。父親對孩子的愛不容置疑，只是他會用更隱匿的方法表達關愛。他讓我知道只要需要他時，他永遠在那兒，至今仍未改變。他是我足球隊的目標裁判；開車送我去打板球，坐在烈日下看著我完成比賽。直接開口表達並不是他的風格，這也正是為何那些話對我來說意義重大，永遠無法忘懷。

面對批評時，你怎麼做？

所有人都需要在某方面得到他人認可。它代表著族群重視我們的付出與貢獻。那是超級重要的事。如果能獲得族群中地位愈高的人的認可，意義更非同小可。只要看看狒狒或大猩猩就可知道這種行為很合理，我們和牠們一樣都是靈長類動物，討族群老大的歡心絕對是聰明的抉擇。

在嘗試新事物後受到他人的指點批判肯定不舒服。如果默默承受，這些批評可能會打擊你的信心，妨礙你繼續朝目標前進。每個人都有讓自己產生自我懷疑的點，一旦有人觸碰到這個點，內心的海鞘就有如被針刺了一下，它們急忙逃離，找個安全的地方躲起來。

好奇心能去除那些可能打擊自信心的批評力量，當面對批評時，我會問自己以下三個問題：

一、那些批評是真的嗎？如果是，我能怎麼改進？

二、批評是出自誰之口？

三、那些人有何企圖？

如果批評所言屬實，那麼請用好奇的心態檢視自己哪裡可以改進。

對於第二項問題，我們需要格外謹慎小心。現今這個世界有太多網路鍵盤手或嘴炮專家，如果不加以過濾，什麼話都聽信，那麼自信心肯定備受打擊，什麼事都完成不了。面對流言批評時，老羅斯福總統在「競技場上的戰士」一文中的話值得借鏡：

「批評者什麼都不是；指出勇者如何跌倒，或者挑剔哪裡可做得更好的人也算不了什麼。榮耀屬於競技場上的人，屬於臉上沾滿塵土與血汗仍英勇奮戰的人。他們會犯錯，甚至一再暴露出缺點，但沒有任何努力不帶有錯誤或缺點。眞正奮戰的人有滿腔熱血，全力以赴，爲了理念在所不惜。最好的結果是贏得勝利完成大業；最糟的下場是失敗，但至少是勇於面對後失敗。所以他所在的地方，永遠不會出現既不認識勝利也不懂得失敗，冰冷又膽怯的靈魂。」

這段話我在布芮尼・布朗於TED的演講中首次聽到。我也曾經閱讀過她的書《脆弱的力量》，無論美國前總統或這位休士頓導師都傳達出一個相同的訊息：**如果你不曾在哪裡奮戰過，我完全不鳥你的意見。**

或者像提姆．明欽所說：「意見就像是屁眼，每個人都有。」他接著說，跟屁眼不同的是，你自己的意見需要經過徹底的審查。

最後一個問題是，我們需要思考批評者有什麼意圖。因為太多人有著奇怪的習慣，誤以為吹熄別人的蠟燭，會讓自己的光芒更明亮一些。

德文的「schadenfreude」意思是取笑他人的不幸。只要存在著幸災樂禍的意圖，此人所有的意見都不需要理會。

如同我先前曾提到，每個人都需要覺得自己對部落有所貢獻，所以從族群中尋求認可並不是奇怪的習慣。然而向不在同一戰場，而且只會幸災樂禍的人尋求認可就絕對需要考量清楚了。

有句老話是這樣說的：「別人對你的看法關你什麼事。」向自己信任且意圖良善的導師請益，或者和同競技場上的其他戰友談談，最重要的是把自己分內事做好，從勝利中獲得喜悅與認可，是強化這種正向習慣的最佳方法。只要能看到自己的成就，不要將自我價值與事情的結果綑綁在一起，就能從最富足的地方蓬勃發展。

練習題

讓我們保有好奇心

- 你是否認為成就才能證實自我價值？
- 何時能知道什麼事情做得很好？
- 你重視誰的意見？

【第19章】

迴避困難的對話

一旦逃避困難的對談，等於用短期的不適與長遠的失能交易。

——彼得・布朗柏格（Peter Bromberg）

認真嚴肅地談一談，有建設性的溝通，這類感覺很困難的對話方法會讓很多人直接進入海鞘模式。我們的舊腦袋嗅察到危險的氣味，因為談話引起爭執，結果被趕出部落是最糟的事，所以會盡可能避免這種危機出現。

如果未來即將和某人展開一場困難的對話，我自己有個怪習慣，就是預先在腦海中不斷地排演談話內容。事先模擬該怎麼面對複雜情境不失是個好方法，完全可以理解這麼做的原因。不過在腦海中演練千百回的虛擬對白，現實生活中卻完全派不上用場則是一個奇怪的習慣。

我們都知道反芻思考，針對想像出來的困難對談，喋喋不休的聲音縈繞在腦中。反芻指的是把吞進肚子裡的食物逆向蠕動回口中重複咀嚼，原本是牛這種動物與生俱來的習慣。如果你把心中一些惱人的、沒有用處又缺乏建設性的自言自言不斷地回味，只會讓幫不上忙的神經路徑變得更加印象深刻，增加有毒的壓力，使得你更沒有勇氣說出必須說的話。我們在第一章提過的消極傾向，會讓心中假想的對談轉變成真實的糟糕結果。

第十一章曾討論去除干擾雜音習慣，有些事情只需做一次，就可消除一大串的干擾。如果只需展開一次艱困的對談，就可以排除腦海中反覆出現的無意義雜音，何樂不為呢？

作為一個領導者，我經常需要對一些表現不佳的特定員工進行教育性談話。為此，我向一位朋友，同時也是我的心靈導師請教，怎麼做才能在職場上較容易展開這類困難的對話。

他的建議是：「直接談就好！」每當他的一位經理與團隊成員出現問題時，他首先絕對是問：「那個人知不知道這些問題是他造成的？」只要提出意見或展開對話時的出發點是善意的，並且確保這些話聽進對方耳裡也是同樣感受，這類具有挑戰性的對談絕對比你想像中來得簡單。

🌐衝突沒問題，不要為反對而反對

反饋女王喬治亞・莫屈（Georgia Murch）和全球許多企業合作，教導他們改進溝通技巧，使團隊在衝突中變得更好。她表示衝突沒問題，但是不要為反對而反對。在互動過程中，出現可能產生衝突的緊張情況下，莫屈發現一件很有趣的事：「**人們表面上聽你在說什麼，實際上在探查你的動機**。」

因此她建議一定要十分清楚自己的意圖。如果你完全不知道談話目的是為了什麼，那麼即使花上數小時不斷地在腦海中重複演練，想表現出最佳的溝通技巧也是徒勞無功。

前陣子我請教過莫屈，為什麼人們總避免困難的對話？她告訴我最主要的原因是恐懼。「聽起來有道理，」我回答她。「但是害怕什麼事呢？」

她表示一旦人們開始思考為何提出建議會讓自己感到恐懼，實際上就是解析恐懼並弄清楚真偽的時候。

她繼續解釋，許多人覺得提出有建設性的反饋意見可能會破壞彼此的關係，因此大家寧願當好人。但根據她二十多年與企業合作的經驗，幾乎沒遇過因提出尊重且以禮相待的建議而造成人際關係惡化的案例。最糟的情況頂多是維持原貌，而有更多時候，因為對方感受到你的真誠與信任，彼此的關係反而變得更密切。如果你接收到來自他人客氣有禮貌的意見，你自然能夠信任對方而願意展開良性的對談。

但是我可能會讓他們不開心

莫屈表示人們害怕進行困難對話的第二種常見原因是情緒反應的考量。萬一讓他們感覺受挫，甚至哭了起來該怎麼辦？因為擔心對話的結果讓人不開心而逃避，無疑是讓內心的海鞘主導一切。某些易怒的人一旦察覺你準備和他討論有難度的話題，可能會出現攻擊行為，任何人都不願意遇到這類事情，我內心的海鞘自然也會叫我避開和他們對談。

莫屈指出，因為考量他人的情緒反應而逃避困難的對話，代表著**將你自己的舒適感置於他人成長之上**。在先前章節中我們已經了解，如果要用好奇的態度檢視自己的習慣，就必須學習與不自在共處。我們可以聽聽自己內心海鞘有什麼意見，但是我們的行為不能由它決定。

過去與他人展開複雜困難對話時，對方的反應對於你是否擔心害怕有極大的影響。如果你曾經因為說了什麼話而讓對方哭泣，可能會避免類似狀況再度發生。

梅洛迪・霍布森（Mellody Hobson）是資產管理公司的聯合首席執行長，也是首位登上財富雜誌全球五百強公司的黑人女性董事長（星巴克）。她表示自己沒有時間處理情緒反應，但是明白需要給予反饋意見有多麼重要。

她曾經在《亞當・格蘭特的工作生活》廣播節目中，談過一位導師曾給予嚴厲刺耳但具有建設性反饋的故事。籃球名人堂的冠軍，也是前任美國參議員的比利・布拉德利（Bill Bradley）有一次要她坐下，並且告訴她如果不加以注意，有可能成為自以為是又不合群的人物。「我記得當時呆坐在那兒，不斷地告訴自己別哭。懷疑自己真的如他所說嗎？他為什麼要那麼說我？那種感覺真的很不好，但是我知道，萬一我哭了，未來他肯定不會再對我提出任何建議。」

霍布森在節目中表示，沒有任何人喜歡對某人提出反饋的建議後，還得再費一番功夫讓他們重新振作起來。結束與布拉德利的對談之後，她一滴眼淚都沒掉地堅強離開。心裡只想著該怎樣才能將他的忠告化為實際的作為。

霍布森指出，反饋不見得每次都會放在綁著緞帶的漂亮盒子裡。當我們收到反饋時，必須嘗試將反饋的傳遞方法以及反饋的內容區分開來。然而當我們對人提出忠告時，必須非常確定自己的意圖，不妨事先在心底用對談的方式演練幾遍。喬治亞・莫屈將這種有效的反饋形容為「跳舞」或「連續對打的網球」。彼此雙方都需要付出努力與良好的意圖，保持開放的心胸，並且仔細聆聽對方的訊息。只要做得正確，反饋能夠消弭人際關係中的怨恨，使得團隊更能同心協力。

練習題

讓我們保有好奇心

- 哪些對話反覆出現在你的腦海？能不能直接談一談？
- 怎麼做才能讓自己的意圖明確清楚？
- 如果你是領導者，暫時性的不自在是否會阻止你提出忠告？

【第20章】

敷衍了事

我有一種非常強烈的感受，愛的相反不是恨，而是漠不關心，管他去死去活。

——利奧・巴士卡利（**Leo Buscaglia**）

《蘋果橘子經濟學》這部紀錄片裡提到一個故事——什麼事情造就了好父母。他們發現無論從社會經濟地位、年齡，或是陪伴孩子時間的長短等因素，都找不到它們與好父母有任何關聯性。

然而他們卻發現一件所有好父母都會做的事，那就是購買育兒書籍。不見得每個買書的父母都需要真正看完那些書，事實上只因為在乎孩子而買書，所以造就他們成為好父母。

好父母需要關心孩子，同時要表現出他們在乎這件事。這點和商場上的領導者沒有差別。如果你要帶領一個團隊，關心就是最重要的管理文化。你要關心你的部屬，在乎職場文化，以及注意自己在團隊中建立怎樣的榜樣。

在忙碌的商場中打滾二十七年後，我決定把最後的驗光事業售出，迎向人生另一場冒險。在決定展開幫助人們面對壓力的使命前，我覺得回顧過去是不錯的主意，用好奇的心態盤點一下我到底從中學到了哪些事。

回想起過去生意最輝煌的時候，我快樂得不得了。那些年我們多次創下全國紀錄，不斷地挑戰與突破所有障礙，讓生意提升到更高的層次。我激勵了不少人，讓他們也晉升為主管。然而在某些年間我卻原地踏步，毫無進展。

什麼原因讓我出現截然不同的表現？雖然很不願意承認，但差別就出在我是否在乎。當我完全投入，全心奉獻在工作上的那些年，事業蓬勃發展。一旦我敷衍行事，整個事業就陷入泥沼。我們失去服務顧客的熱忱，我們漠不關心。如果連作為主管的我都不在意這些事，或者沒有表現出自己在意這些事，其他人何必要在乎呢？

當我往回看時發現一件有意思的事，工作愈艱辛的那些日子，我反而愈樂在工作；挑戰愈困難，獲得的成就感愈大。一天工作長達十四小時，回憶起那些辛苦的歲月，內心反而湧現驕傲感。

無論是對工作、運動、人際關係或者針織個毛線包包，敷衍了事都是個奇怪的習慣。

視壓力為挑戰

作為領導者必須在乎，同時展現出自己在乎。你的所作所為全看在部屬的眼裡。任何表現都影響到你會成為什麼樣的領導者，以及希望營造出怎樣的工作文化。

壓力可以是威脅，但也可以是一種挑戰。只要領導者在乎就能讓壓力轉變為挑戰。有能力的領導者能帶領團隊在壓力的十字路口正確抉擇。視壓力為一種挑戰，組織起團隊迎向困境，找出最佳的解決方案化解危機，並且因達成目標而感到與有榮焉。然而若視壓力為威脅，那麼會讓人們開始防備，胸襟狹窄而變得自私自利。

有如父母幫助孩子度過難關一般，商場上領導者的責任就是讓工作場域的所有同仁有安全感，以便盡其所能地完成交辦的任務。領導者需不需要閱讀育兒書籍？應該不需要，不過他們必須表現出自己真的很想學習。如果你打算帶領團隊，那麼好奇的心態以及有心學習的意志就極為重要。比爾・蓋茲一年要閱讀五十本以上的書，其中大多數都與領導學有關。他是個有好奇心、有創造力的人，永遠找尋讓世界變得更好的方法。因為他在乎。

我覺得「在乎」（CARE）這個英文單字可以拆解為四種特質：

一、一致（Consistent）：如果領導者每天的態度都不同，將會讓同僚感到焦慮，造成工作壓力。

二、靈活（Agile）：領導者應該依需要而適時調整工作方向。認識轉換習慣能讓你更有彈性。

三、堅定（Robust）：如果自己無法承受壓力，不可能帶領別人。堅毅是帶領有效率團隊的基本要件。

四、同理心（Empathetic）：理解他人並且站在別人的角度看事件，是表現在乎不可或缺的構成因子。

當為團隊進行壓力重新設定的工作時，建立「部落的安全感」非常重要。這有賴於領導者如何讓人感到穩定。真心在乎，並且表現出自己在乎，能讓部屬感到安全。一旦感到安全，壓力就只是一種挑戰。如果領導者無法展現出自己在乎，壓力就是一種威脅，而團隊中每個人將變得自我防禦、自私又麻木。

敷衍了事是一種奇怪的習慣，或許不在乎能讓人在短時間內因壓力減輕而覺得好過一些，但是終將自食惡果。所有長遠的習慣都需要「在乎」的四種特質。

練習題

讓我們保有好奇心

- 你怎麼看待敷衍了事？
- 你是否曾停止關心？那麼做之後有幫助嗎？
- 哪些ICARE的特質你需要更努力建立？

【後記】

打包收工了

當我們的想法、感受或所作所為不再管用時，就變成奇怪的習慣。如果想改變這些習慣，請記得不要從匱乏、短缺或遺憾的角度出發；應該以感激過去、認同現在與展望未來的心態弄清楚自己真心要什麼。朝著自己最佳的版本進化，不是因為不得不，而是因為你希望如此。

真正地改變出自於好奇心。

我想用我的一位導師，領導力的專家——卡麥隆・施瓦布（Cameron Schwab）曾經教導我的兩個思想實驗作為這本書的結尾。

假設讓你回到人生旅程半途的時間軸上，例如五十歲的我回到二十五歲的時候，別誤會，我並沒有打算叫你倚老賣老地對年輕時的自己說教一番。第一個思想實驗題目是：**你會向年輕時的自己感謝什麼事**？

也許當時的你做了什麼決定，或者打下什麼基礎，使得你能有現在的成就；或者他曾做了怎樣的犧牲？你要對年輕時的自己說些什麼，好表達心中由衷的感激？

第九章中我們談過現在的你和理想中的自己有一段落差，而感激之心則是幫助你跨越這段落差的橋梁。它能讓你看見過去到現在的成長與獲得，並且在這個基礎上繼續前進。

我要謝謝年輕時的自己即使面對困境仍努力不懈且保有韌性。特別要感謝他克服飲酒問題，不再讓酒精危害精神和身體健康。感謝他，尤其是他的太太凱倫，歷經艱辛的試管嬰兒過程，最終得到一個美麗的女兒，而她現今已長得亭亭玉立。年輕時的我也曾經冒過險，搞砸了一些事，例如台灣水母椅事件，也因而從中學到教訓。很高興的是他始終抱持著好奇心四處尋找導師，並且讀了不少書，讓自己持續地成長進步。看起來隨時會觸礁的婚姻生活，也在不斷地堅持努力下守住。我很高興他一直朝著好丈夫的方向努力（現在仍持續努力中）。儘管開竅稍慢，但很高興的是他開始懂得「有，很好；但更多不見得一定更好」的道理（另一件需要繼續努力的事）。

人們一定曾後悔自己沒把握住某些機會，或者做出錯誤的抉擇。後悔是人生功課的學費，付出這些代價讓你得以從中學習，造就現在的自己。為過往致上謝意這種看法並非毒性正能量，因為有些代價實在極為慘痛。接納自己的過去，學會教訓，避免類似的憾事再次發生在你最真實版本的自己身上。

第二項思想實驗題目是：**未來的你會因為哪些事感謝現在的你**？

七十五歲的老路克會感謝我什麼事？我想，他應該會謝謝我讓身材維持得不錯，膝蓋也沒弄壞。願意去學皮拉提斯，終於把動作做出個樣子。那個老傢伙八成也會感謝我又認識幾位新的導師，好奇心不減。謝謝我始終慷慨熱心，樂意幫助別人，讓他為七十五年對社會的貢獻感到自豪。感謝我的人際關係保持得不錯，我愛的人也仍然愛我。

希望未來的我也看到我有多麼努力地克服困難對話，保持真誠，享受人生道路的起起落落。他應該還會謝謝我保持足夠的睡眠，控制飲食內容，遠離碳水化合物，遠離酒精保持頭腦清醒。對於我努力克服冒名頂替症候群，寫了幾本書，以及經營能幫助人的輔導工作室感到驕傲。謝謝我努力做好那些必須面對的辛苦工作，改變已經不再管用的舊習慣迴路。

如同我在引言時提到作家馬歇爾・葛史密斯所說：「**沒有屢試不爽的方法**。」我希望未來的我會感謝此時的我堅持實現自己的身分目標，並且保持好奇、有創意及慷慨。

我也希望未來的你會感謝因為讀了這本書，讓你用好奇的態度檢視自己的舊習慣。如果願望實現，現在的我將會非常非常高興。

Creative 191

逆習慣：好奇心改變一切

作　者｜路克・馬瑟斯（Luke Mathers）
譯　者｜屈家信
出　版　者｜大田出版有限公司
台北市一〇四四五中山北路二段二十六巷二號二樓
E-mail｜titan@morningstar.com.tw http://www.titan3.com.tw
編輯部專線｜（02）2562-1383 傳真：（02）2581-8761

總　編　輯｜莊培園
副總編輯｜蔡鳳儀
行銷編輯｜張筠和
行政編輯｜鄭鈺澐
校　對｜黃薇霓／屈家信

初　刷｜二〇二三年十二月一日
二　刷｜二〇二四年四月十一日　定價：三九〇元

網路書店｜http://www.morningstar.com.tw（晨星網路書店）
TEL：（04）23595819 FAX：（04）23595493
購書Email｜service@morningstar.com.tw
郵政劃撥｜15060393（知己圖書股份有限公司）
印　刷｜上好印刷股份有限公司
國際書碼｜978-986-179-838-7　CIP:192.6/112016290

填回函雙重禮
①立即送購書優惠券
②抽獎小禮物

國家圖書館出版品預行編目資料

逆習慣／路克・馬瑟斯（Luke Mathers）著；屈家信譯．——初版——台北市：大田，2023.12
面；公分．——（Creative；191）
ISBN 978-986-179-838-7（平裝）
192.6　112016290